BIBLIOTHÈQUE D'HISTOIRE ET D'ART

PAUL BOSQ

VERSAILLES
ET
LES TRIANONS

PARIS
LIBRAIRIE RENOUARD
HENRI LAURENS, ÉDITEUR
6, RUE DE TOURNON

VERSAILLES

ET LES TRIANONS

IMPRIMERIE D. DUMOULIN ET Cie
rue des Grands-Augustins, 5, à Paris.

BIBLIOTHÈQUE D'HISTOIRE ET D'ART

VERSAILLES

ET

LES TRIANONS

PAR

PAUL BOSQ

Ouvrage illustré par Goutzwiller, etc.

PARIS
LIBRAIRIE RENOUARD
HENRI LAURENS, ÉDITEUR
6, RUE DE TOURNON, 6

PRÉFACE

Cet ouvrage n'est pas un guide; ce n'est pas non plus une histoire de Versailles.

Les guides ne manquent pas. Quant à l'histoire, elle a été faite, et trop bien faite pour qu'on trouve à glaner après eux, par MM. Leroi et Dussieux, auxquels il faut joindre M. Gustave Desjardins, auteur d'un excellent ouvrage sur le Trianon.

Quel est donc le but de ce livre?

Nous allons l'indiquer brièvement.

Le château et le parc de Versailles, les deux Trianons ressemblent à un théâtre où les décors restent en place tandis que les acteurs ont disparu; la pièce est terminée, elle ne sera plus reprise, elle ne peut plus l'être. Sans doute, le décor est superbe; mais le décor le plus magnifique ne dit pas grand'chose à l'esprit et au cœur s'il n'est animé par des personnages, si la comédie ou le drame ne déroule son action au milieu de ses splendeurs, si la pompe du spectacle fait défaut, si tout demeure silencieux et immobile. Il y aurait un intérêt puissant, nous le croyons du moins, à faire revivre sur cette scène immense, toute resplendissante des chefs-d'œuvre de nos plus grands artistes, les premiers rôles et même les comparses. La pièce qui s'est jouée là, c'est l'histoire de notre pays; les acteurs étaient des rois, des princes, des reines, des princesses; les grandes coquettes s'appelaient Montespan, Pompadour, Dubarry; nobles, guerriers, politiques, savants, artistes, — tout ce que la France compte de grand et d'illustre, — figuraient dans cette Cour, qu'on pourrait comparer au chœur des tragédies. Nous voudrions que chacun, en parcourant, notre livre à la main, les salons du château, les bosquets du parc, pût dire, avec une légère variante, comme le pigeon de la fable : « Je suis là, telle chose y advint. »

Nous essayerons d'animer, pour un instant, cette galerie des Glaces si froide, si nue, si déserte; après avoir allumé les lustres et les girandoles, remis en place les meubles d'argent, nous la remplirons de la pompe des ambassades et des mariages royaux, du tumulte joyeux des bals masqués. Dans la chambre de Louis XIV, les courtisans viendront en foule au grand lever. Ces salons chargés de dorures reprendront leur air de fête comme aux jours d'appartements. Le parc s'embrasera de mille feux, les gondoles sillonneront le grand Canal, les bosquets se peupleront, les salles de verdure abriteront une fois encore le théâtre de Molière, et ces tables dressées par quelque magicien où les convives du roi venaient s'asseoir à un festin des Mille et une Nuits.

Avec Louis XIV, le Versailles solennel et majestueux disparaît. Watteau, Boucher, retouchent les décors de Lebrun; les petits marquis envoient les perruques olympiennes rejoindre les justaucorps à brevets, et Dubarry chasse l'étiquette.

Marie-Antoinette lui portera le dernier coup, en transformant les jardins de Le Nôtre en une bergerie royale où Florian donnera la main à Jean-Jacques Rousseau.

A côté du Versailles officiel, nous nous efforcerons de reconstituer, de ranimer l'autre Versailles; nous dirions le Versailles intime, si Louis XIV ne l'avait si longtemps rempli de son faste et de sa gloire, si le dieu avait consenti, pendant une heure, une seule, à se dépouiller de ses rayons. Ses successeurs se montreront plus volontiers dans tout le déshabillé de leur nature; ils sont hommes, et rien d'humain ne leur est étranger.

Après avoir visité ce théâtre un instant animé et rempli par ces acteurs pour toujours disparus, peut-être croira-t-on, en feuilletant ce livre, le voir encore et revivre les jours écoulés.

Ceux-là mêmes qui ne sont pas venus à Versailles, ceux qui n'y viendront jamais, trouveront ici un de ces panoramas, aujourd'hui à la mode, qui font surgir devant nos yeux des pays lointains, ou quelque page de l'histoire avec ses héros en plein mouvement, en pleine action, en pleine vie.

VERSAILLES

PREMIÈRE PARTIE

LE CHATEAU ET LE PARC

Château de cartes [1] sous Louis XIII, château de marbre sous Louis XIV, le palais de Versailles devint, sous les successeurs du grand roi, une sorte de ruche aux milliers de cellules. C'est, aujourd'hui, un musée.

Du château de Louis XIII, il ne reste rien que la cour de marbre. Louis XIV a démoli pendant les dernières années de son règne ce qu'il avait bâti pendant les premières, soit qu'il voulût embellir ce qu'il avait créé, soit qu'il sacrifiât résolument ce qui était parfait à son amour pour les constructions.

Dans les deux ailes du château, on chercherait en vain un vestige des anciens appartements ; les façades elles-mêmes ont disparu en partie, et l'on sait que Louis XV a collé le décor grec de Gabriel sur l'œuvre de Mansart. Dans la partie centrale, l'escalier des Ambassadeurs, la petite galerie, les cabinets de

---

1. Saint-Simon.

Louis XIV, les appartements de Mme de Maintenon, du dauphin, des Bains ont été démolis ou transformés, bouleversés, et là où les anciennes divisions existent encore, une décoration nouvelle a été plaquée sur l'ancienne. Les salles immenses et froides aux revêtements de marbre, aux portes de bronze sculptées à jour, mortellement froides, où le vent se jouait sans presque rencontrer d'obstacles, sont devenues, sous Louis XV, de petits boudoirs, de petits cabinets où les petits soupers du roi réunissaient les petits-marquis et les petites-maîtresses. Marie-Antoinette se tailla, à son tour, un petit royaume dans cet immense château et fit succéder, au cercle imposant de la reine, le canapé et le billard de Polignac ; tandis que Louis XVI, enfermé avec Gamain dans sa forge, laissait à qui le voulait prendre son rôle de roi. On recouvrit les murs de marbre de boiseries sculptées et dorées, où les Amours joufflus arboraient mille attributs galants, et le palais du Soleil devint un temple de l'Amour. La Révolution, l'Empire et la monarchie de Juillet, les démolisseurs et les restaurateurs aidant, il ne reste plus guère du château de Louis XIV que les grands appartements du roi, la galerie des Glaces, quelques salons et la chapelle.

Les trois grandes avenues de Saint-Cloud, de Paris et de Sceaux, percées sous Louis XIV, conduisent au palais. Elles aboutissent à la place d'Armes et sont séparées entre elles par les grandes et petites écuries, qui datent de 1682.

Sous Louis XIII, les bois de Versailles couvraient la place d'Armes [1], autrefois place Royale. Jusqu'en 1679, les hôtels de Noailles et de Lauzun se dressaient en face du château, sur le terrain même qu'occupent les écuries, aujourd'hui transformées en casernes, après avoir logé les pages de Napoléon Ier et de Charles X, l'Institut agronomique et les Cent-Gardes. Les conseils de guerre de 1871 y tinrent leurs séances et rendirent leurs arrêts contre les auteurs et les complices de la Commune.

LE CHATEAU

Henri IV ne fit que de courtes apparitions à Versailles, alors simple village entouré de terres à blé, de marais, de friches et de bois. Il traversait ce hameau, lorsque la chasse l'y conduisait, mais ne s'y arrêtait point, sauf quelques courtes haltes au château de Gondy.

Louis XIII vint pour la première fois à Versailles le 24 août 1607; il était âgé de six ans. C'était aussi la première fois qu'il se livrait à ce plaisir de la chasse qui devint sa passion dominante, et il prit, à cette volerie, un levraut, six cailles et deux perdrix. Quelques années plus tard, ramené fréquemment à Ver-

---

[1]. La place d'Armes mesure 220 mètres de la grille du château à l'avenue de Paris, et 350 mètres dans sa partie la plus large.

sailles par ses chasses à courre, il voulut y avoir « sa maison », et, en 1624, la construction du château fut décidée. L'architecte Lemercier[1] poussa rapidement les travaux, et, le 2 août de la même année, on put meubler une partie du palais que Louis XIII inaugura, le 3 novembre 1626, par une fête offerte aux reines Marie de Médicis, Anne d'Autriche, et aux princesses. Le 24 août 1627, le roi visite le parc où l'on vient de planter de jeunes arbres.

Le château, de forme carrée, bâti en pierre et en briques, était flanqué de pavillons aux quatre angles. Un portique aux grilles dorées fermait la cour de marbre, ornée de deux lanternes et de bassins en forme de coquille où nageaient des tritons en bronze doré. L'avant-cour était flanquée de bâtiments occupés par les écuries et les services du roi; deux élégants pavillons, reliés par une grille, en formaient l'entrée, que précédaient une place en demi-lune et une autre, beaucoup plus vaste, qui devint, sous Louis XIV, la place Royale.

Ce château, décoré de vases, de bustes de marbre, aux toits recouverts d'or, renfermait des appartements dont les contemporains louent la riche décoration et le bon goût. Louis XIII prit plaisir à le meubler et à l'orner, en même temps que, par des achats de terres et de bois, il étendait d'année en année son domaine.

---

1. Lemercier a construit le pavillon de l'Horloge au Louvre, la Sorbonne, le Palais-Royal, le Val-de-Grâce.

De 1624 à 1641, les acquisitions se succèdent sans relâche, tandis qu'on apporte de toutes parts de nouveaux meubles. En 1634, la duchesse de Savoie, sœur

LOUIS XIII

de Louis XIII, lui envoie pour « sa maison de Versailles » quatre ameublements (bleu, vert, nacarat, gris de lin) de velours à fond d'argent.

Louis XIV, trouvant Versailles à son goût, s'y rendit fréquemment ; mais ce n'était encore qu'un pied-à-terre, une sorte de rendez-vous de chasse, et s'il y fit quelques dépenses, elles furent, à l'origine, peu considérables. Tout se borna à des peintures, à des embellissements qui n'avaient rien que de fort ordinaire. A ces premiers travaux succédèrent très vite des améliorations plus importantes ; Louis XIV voulut avoir ses aises et disposer de nombreux appartements pour la cour. On éleva donc quelques bâtiments, qu'on rasa presque aussitôt, car ils ne plurent pas. Levau, son premier architecte, reçut l'ordre de construire les trois grands corps de logis qui entourent le château de Louis XIII, mais sans toucher à celui-ci. Bientôt, on l'agrandit, on l'isola complètement, et, selon le mot de Colbert, « le château de Versailles ressembla à un petit homme qui aurait de grands bras et une grosse tête ; c'est-à-dire un monstre en bâtiments ». Mais le témoignage de Colbert est suspect ; il ne voulait entendre parler ni d'agrandir ni d'embellir, pour affecter à l'achèvement du Louvre toutes les ressources disponibles ; mais il dut se soumettre.

On démolit le portique de Louis XIII, on remplace les lanternes de la cour de marbre par des volières en fer forgé ; une fontaine, avec son groupe en bronze doré, se dresse au milieu de cette cour, puis disparaît lorsqu'on la pave de marbre blanc et noir ; de nouvelles constructions s'élèvent ; on refait la façade occidentale de l'ancien château ; on dresse, au centre du palais, sur les jardins, une vaste terrasse, pavée de marbre, avec jet d'eau, sur laquelle Mansart construisit, quelques années plus tard, en 1679, la galerie des Glaces. Lorsque, en 1671, le château de Levau est terminé, on

COLBERT

retrouve encore les lignes principales du palais de Louis XIII, que Louis XIV s'était promis de conserver « sans y rien changer ». A peine achevé, le château neuf ne suffit plus; la place manque, le décor n'est pas assez magnifique, le dieu-soleil trouve son temple trop modeste, et Mansart entre en scène.

On ajoute une aile au Midi, une autre au Nord ; on élève la galerie des Glaces ; on construit une nouvelle chapelle, puis une autre ; l'escalier des Ambassadeurs entasse ses marbres au milieu d'un décor peint par Lebrun, tout étincelant de dorures, et le château finit par se développer, en façade, sur une étendue de 580 mètres.

On employa à ces travaux un nombre considérable d'ouvriers et de paysans corvéables : 22,000 hommes et 6,000 chevaux en 1684, et 36,000 hommes en 1685, selon Dangeau. Une pareille agglomération, les souffrances endurées par les temps de gelée et de neige, les miasmes qui se dégagent des terres marécageuses sans cesse remuées, les accidents presque quotidiens, envoient dans les hôpitaux un grand nombre de ces travailleurs ; la mortalité, selon Mme de Sévigné, « est prodigieuse, et on emporte toutes les nuits des charrettes pleines de morts ».

Dans le même temps que Louis XIV transforme le château bâti par son père, il agrandit l'ancien domaine. De 1663 à 1684, il achète des terres, presque sans interruption. A cette dernière date, le domaine est constitué ; Louis XV y ajoutera plus tard les terres de Montreuil, de Sèvres, de Ville-d'Avray, et Louis XVI celles de Villepreux, de Meudon et de Velizy.

Le Versailles de Louis XIV et ses dépendances ont

FAÇADE DE L'AVENUE DE PARIS

coûté 116,438,892 livres, soit environ 500 millions de nos jours. Ce total serait de beaucoup plus considérable si l'on avait dû faire entrer en ligne de compte une rémunération quelconque pour les paysans corvéables; mais ils travaillèrent pendant de longues années, et par milliers, sans rien recevoir. Quant à l'entretien du château et de ses dépendances, on l'évalue à une dépense annuelle de 500,000 livres.

Louis XV modifia complètement les installations intérieures. L'architecte Gabriel éleva la façade que l'on voit aujourd'hui au nord de la cour royale et le pavillon à colonnes qui la termine. Dans les appartements, les panneaux sculptés remplacèrent les revêtements de marbre; on sacrifia, au confort et à l'élégance, le grand et le solennel; les petits appartements remplacèrent, en partie, les appartements particuliers de Louis XIV; on posa partout des doubles croisées et des persiennes; on multiplia les sonnettes, pour les besoins d'un service plus intime et plus commode qui succédait aux majestueuses lenteurs de l'étiquette. Louis XV entendait avoir ses aises, et il les prit.

On ne saurait, en conscience, l'en blâmer; malheureusement, il ne sut point se borner, et ce penchant à tout accommoder au goût du jour entraîna la perte de deux merveilles, la galerie de Mignard et l'escalier des Ambassadeurs. Il s'en fallut même de bien peu que l'architecte Gabriel ne reçût l'autorisation de transformer le château de Louis XIV en une sorte de palais grec. Louis XVI reprit pour son compte ce projet de vandale, et ne recula que devant la dépense.

La Révolution médita, tour à tour, de raser, de morceler, de mettre en location ce « repaire du tyran ». Elle se contenta de le dépouiller de toutes ses richesses, soit pour les transporter au Louvre, soit pour les vendre à l'encan, soit pour payer certaines dépenses ou acquitter quelques dettes.

Sous le premier Empire, Napoléon, qui ne voulait rien devoir à la monarchie, médita d'élever un nouveau Versailles sur l'emplacement de l'ancien, et jamais peut-être le palais de Louis XIV ne courut de plus grand péril.

La Restauration se contenta de parer au plus urgent, de faire l'indispensable, et ce fut le roi Louis-Philippe qui sauva le château en transformant le palais de la monarchie en un musée de la Nation. C'est un exemple que le duc d'Aumale a suivi en donnant à la France le château de Chantilly et les trésors qu'il renferme.

L'histoire, plus juste que les contemporains, a proclamé que le Versailles de Louis XIV est aussi le Versailles de Louis-Philippe.

LES APPARTEMENTS DU ROI

Le roi avait ses grands et ses petits appartements.

LES GRANDS APPARTEMENTS. On pénètre aujourd'hui dans les grands appartements par le *salon d'Hercule;*

mais il ne date que de Louis XV. Il emprunte son nom à l'apothéose d'Hercule peinte à la voûte par Lemoine.

Ce plafond a son histoire, qui est un drame. Lemoine, rapporte le duc de Luynes, dut s'y prendre à deux fois : « Il s'attacha, d'abord, à finir sa peinture avec autant d'exactitude et de perfection qu'il aurait pu en employer pour un tableau à portée d'être examiné en détail. Lorsqu'il eut presque fini cet ouvrage, il voulut en voir l'effet ; il descendit de l'échafaud ; il remarqua d'en bas que la grande corniche dorée coupait son dessin et ses figures ; il en fut si frappé, qu'il effaça tout. Il refit ensuite le même ouvrage, mais à grands traits ; et quoiqu'il n'y ait pas mis la même perfection que dans le premier ouvrage, il se trouva qu'il avait fort bien réussi. » Piganiol de la Force nous apprend, de son côté, que « ce vaste et magnifique tableau fut dévoilé aux yeux du roi et à ceux du public, le 26 septembre 1736, car jusqu'à ce jour il avait été caché par les échafauds. S. M. le vit en allant à la messe et en revenant. Comme elle aime les arts et s'y connaît, elle l'examina avec beaucoup d'attention et nomma sur le champ le sieur Lemoine son premier peintre ». A cette flatteuse distinction, le roi ajouta une somme de 10,000 livres. Le tableau avait coûté 29,000 livres, dont 24,000 d'outre-mer ; Lemoine perdit la tête, et se tua de neuf grands coups d'épée. Il avait quarante-neuf ans.

Les salons de l'*Abondance*, de *Vénus*, de *Diane*, de *Mars*, de *Mercure*, d'*Apollon*, empruntent également leurs noms aux peintures de Houasse, de Blanchard, d'Audran, de J.-B. de Champagne, de Delafosse, qui décorent leurs plafonds. Louis XIV y avait prodigué le marbre, les riches tentures de velours et de brocart, les dorures, les lustres d'argent, les statues, les buires, les cuvettes, les vases, les girandoles, les chandeliers d'argent ciselé, les bustes de porphyre, les guéridons or et azur, les tableaux du Guide, de Paul Véronèse, du Titien, d'Annibal Carrache, du Dominiquin, de van Dyck, de Rubens, etc... Un peu partout, des figures allégoriques, sous lesquelles on découvre, très difficilement parfois, — car ces allégories trop cherchées ressemblent à des rébus, — quelque flatterie à l'adresse du roi-soleil. Louis XIV aimait l'encens, même de qualité un peu médiocre.

Le *salon de l'Abondance* servit d'abord de vestibule à l'ancienne chapelle et au cabinet des antiquités. On y installa, dans la suite, les jours de grands appartements, trois buffets « pour les boissons chaudes, les liqueurs, sorbets et les eaux de plusieurs sortes de fruits ».

Aussi longtemps que le *salon de l'Abondance* fut un vestibule, et avant que Louis XV eût construit le *salon d'Hercule*, le *salon de Vénus*, ou grande salle de l'Escalier du roi, fut la première pièce des grands appartements. « Cette salle, dit le *Mercure*, était destinée pour la collation. » Dans une niche, les *Trois Grâces* de Pradier remplacent aujourd'hui la statue de

Louis XIV « en relief, vêtu à la romaine », de Varin, à laquelle succéda un Cincinnatus antique, transporté au Louvre.

Le *salon de Diane* était une salle de billard. Elle ne ressemblait en rien à nos salles modernes, et les joueurs les plus magnifiques ne sauraient nous offrir de telles merveilles : aux angles du billard, couvert d'un grand tapis de velours rouge aux larges franges d'or, des guéridons supportent quatre énormes chandeliers d'argent ; quatre lustres de même métal descendent du plafond. Deux estrades, couvertes de tapis de Perse, supportent quatre banquettes de velours sur lesquelles viennent prendre place les dames de la cour admises à l'honneur d'admirer Louis XIV aux prises avec Chamillard.

Le *salon de Mars*, d'abord salle des Gardes, devint ensuite une salle de jeu, de bals et de concerts. Au milieu, un trou-madame de marqueterie [1] ; tout autour, des tables de velours vert, garnies de flambeaux à tous leurs angles, sur lesquelles on joue « à plusieurs jeux de cartes, ainsi qu'à divers jeux de hasard. La bassette et le hoca en sont bannis, la prudence du roi l'ayant jugé ainsi pour le bien de ses sujets. On voit encore, dans la même chambre, des tables pour plusieurs autres

---

1. Le trou-madame était une espèce de machine ouverte en forme d'arcades, qu'on plaçait sur une table ou un billard. On jouait avec treize petites boules d'ivoire qu'on poussait dans ces arcades pour les faire tomber dans autant de trous marqués pour la perte ou le gain.

jeux nouvellement inventés, et qui, selon toutes les apparences, n'ont point de quoi engager les joueurs à se servir d'une adresse qui n'est pas permise pour gagner[1] ».

Le *salon de Mercure*, ou chambre du Lit, était une chambre de parade pour laquelle Delobel avait composé un ameublement merveilleux. « La tapisserie, dit le *Mercure*, est d'un velours cramoisi, enrichi d'un gros galon d'or. Le lit, de même étoffe et de même parure, est entouré d'une grande campane d'or en relief et doublé d'or plein. Quatre pommes blanches et couleur de feu, garnies de grandes aigrettes blanches, sont au-dessus des piliers. Les fauteuils, les tabourets, les portières et les paravents sont comme la tapisserie. Une balustrade d'argent[2], de deux pieds et demi de haut sur laquelle posent huit chandeliers de même matière, entoure l'estrade, qui est de marqueterie. » Ce fut la chambre à coucher du duc d'Anjou, nommé roi d'Espagne, et, après le départ de Philippe V, celle de Louis XIV, en juillet 1701. Le cercueil du roi y fut exposé, en 1715, pendant huit jours. D'ordinaire, le *salon de Mercure* servait aux jeux du roi les jours d'appartement : « Une table pentagone, une carrée et une en triangle sont dans le long de la chambre pour le jeu du roi, de la reine et de toute la maison ; mais, quoique ces tables soient marquées pour eux, ils ont

1. *Le Mercure*.
2. Elle coûta 142,196 livres.

la bonté de se mêler avec tous ceux qui jouent dans les chambres suivantes [1]. »

Le *salon d'Apollon* était la salle du trône ; le roi y recevait les ambassadeurs. Il ne reste de l'appareil royal que les trois pitons dorés qui retenaient le dais et les traces des clous qui fixaient l'estrade. « Au fond de la chambre, dit le *Mercure*, s'élève une estrade couverte d'un tapis de Perse à fond d'or. Un trône d'argent est au milieu. Quatre enfants portant des corbeilles d'argent soutiennent le siège et le dossier garnis de velours cramoisi. Sur le haut du cintre qui forme le dossier, Apollon est en pied, ayant une couronne de laurier sur sa tête et tenant sa lyre. La Justice et la Force sont assises sur les deux tournants. Le dais est de même que la tapisserie. Aux deux côtés du trône, sur l'estrade, deux scabellons d'argent portent des carreaux de velours. »

Le *salon de la Guerre*. — Lebrun l'a décoré de peintures, « qui n'ont pas eu peu de part, dit Saint-Simon, à irriter et à liguer toute l'Europe contre le roi. » Au plafond, la France, armée de la foudre et tenant un bouclier sur lequel est représenté Louis XIV, est portée sur un nuage ; les Victoires lui font escorte, les unes chargées de lauriers, les autres arborant des inscriptions qui célèbrent les triomphes de Turenne et de Créqui sur les Allemands. Les quatre voussures représentent l'Allemagne, la Hollande, l'Espagne vaincues

---

[1]. Le *Mercure*.

GALERIE DES GLACES

et impuissantes. Et, pour compléter cet ensemble : « le roi à cheval, grand comme le naturel, est en relief sur la cheminée ; ses ennemis vaincus sont renversés sous les pieds de son cheval ; la Victoire, la Valeur, la Renommée l'accompagnent. »

La *galerie des Glaces*. — Comprise entre les salons de la Guerre et de la Paix, la galerie des Glaces a soixante-douze mètres de long, sur dix mètres de large ; sa hauteur est de treize mètres. Elle est éclairée par dix-sept fenêtres ; en face de chaque fenêtre, une arcade tapissée de dix-huit glaces coulées à la manufacture royale de la rue Saint-Antoine. Partout, des revêtements de marbres et de grands trophées en cuivre doré, modelés par Coysevox.

Les quatre grandes niches renfermaient des statues antiques, remplacées par Mercure et Pâris, de Jacquot ; Vénus devant Pâris, de Dupaty ; Minerve, de Cartellier.

Lebrun a peint la voûte[1] qui se compose de trente tableaux, huit grands et vingt-deux petits, sur toile marouflée, renfermés dans de riches sculptures dorées. C'est le triomphe de l'emphase, naturelle à Lebrun, et de cette adulation qui eût fini, selon un mot connu, par amener Louis XIV à se croire un dieu, s'il n'avait eu peur du diable.

Toute l'histoire du règne, de 1661 à 1678, va défiler devant nos yeux ; mais il faut mettre un commentaire au bas de ces pages héroïques, tant Lebrun est ingénieux

1. De 1679 à 1682.

à épuiser toutes les formes de l'allégorie, pour donner à la flatterie plus de noblesse et diviniser, en quelque sorte, les actions du roi.

Un grand tableau, qui remplit la voûte, représente un fleuve, frappé d'effroi, perdant son gouvernail, tandis qu'une figure renversée, les ailes coupées, laisse échapper une couronne. C'est le passage du Rhin et l'abaissement de la Hollande.

Du côté des jardins, Lebrun nous montre, dans une autre toile, le roi qui arme sur terre et sur mer. Mars, Neptune, Vulcain, apportent leurs tributs à Louis XIV, Mercure lui offre un bouclier, et Minerve le coiffe d'un casque; Apollon, qui remplace Vauban, construit une forteresse. La Vigilance tient un sablier, et la Prévoyance, debout à côté du roi, se munit d'un livre et d'un compas « pour montrer qu'il prend toujours ses mesures justes ».

Le troisième tableau nous repose un peu de ces allégories; il représente le roi donnant ses ordres pour attaquer en même temps quatre des plus fortes places de la Hollande. Louis XIV tient un conseil de guerre avec le duc d'Orléans, Condé et Turenne. Cependant, Minerve, la Victoire, la Prévoyance, Mars, qui porte des fleurs de lis sur ses armes, la Vigilance, le Secret, nous avertissent que l'allégorie et l'Olympe sont là dans la coulisse, tout prêts à rentrer en scène.

Nous les retrouvons, en effet, dans un quatrième tableau : le roi gouverne par lui-même. Les Grâces, la

Prudence, l'Hyménée avec son flambeau, la Valeur, escortent Louis XIV, tandis que divers génies, symbolisant les plaisirs de la cour, se jouent autour de la France. Dans un coin, l'Allemagne, l'Espagne et la Hollande regardent d'un œil attristé cette inscription qui les vise : « l'ancien orgueil des puissances voisines de la France. »

Dans un cinquième tableau, Louis XIV, entouré d'une cour mythologique, prend la résolution de châtier la Hollande.

Le sixième tableau représente la Franche-Comté conquise pour la seconde fois ; mais il faut avoir le mot de cette énigme pour la comprendre, et Rainssant, conservateur des médailles, dut expliquer à Louis XIV lui-même ce que signifiait cet admirable rébus. Les femmes en pleurs que Mars présente au roi figurent les villes de la Franche-Comté. « Hercule, symbole de la force et de la vertu héroïque, monte sur un rocher effroyable, où Minerve semble le conduire et sur lequel on voit un lion furieux. Le lion représente l'Espagne, et le rocher la citadelle de Besançon. Les vains efforts que fit l'Allemagne pour empêcher cette conquête sont marqués par un grand aigle effrayé qui crie et qui bat des ailes sur un arbre sec, à l'un des coins du tableau. »

Le septième tableau nous montre Louis XIV porté sur un nuage, suivi de la Terreur, et brandissant la foudre. Traduction : prise de la ville et de la citadelle de Gand en six jours.

Dix-huit médaillons complètent cet ensemble et célèbrent quelque glorieux événement du règne ; ils sont entourés, comme les sept grands tableaux, de figures allégoriques soutenant des trophées ou des guirlandes. Les inscriptions des cartouches qui accompagnent ces peintures sont attribuées à Racine et à Boileau.

Jusqu'en 1689, la galerie des Glaces était encombrée de meubles en argent massif ou en argent doré : tables, candélabres à huit branches, guéridons, torchères, girandoles, caisses pour orangers, vases, bancelles, tabourets, aiguières, etc., etc. Seize grands chandeliers d'argent, deux rangs de douze lustres de cristal, deux lustres d'argent à huit branches, éclairaient l'immense galerie. Le parquet disparaissait sous les tapis de la Savonnerie ; les rideaux de damas blanc, brochés d'or, au chiffre du roi, avaient trois aunes de large. Les meubles en velours vert, ornés de broderies et de franges d'or, se mêlaient aux meubles en argent, aux tables d'albâtre et de bronze, aux vases de porphyre, etc., etc.

En 1689, après les revers, le roi fit fondre son argenterie et envoya à la Monnaie lustres, girandoles, candélabres ornés de cupidons et de satyres, chandeliers où se jouent les mois et les saisons, tabourets valant 6,000 livres, aiguières, buires, bancelles de 35,000 livres. Ce mobilier en argent que Lebrun avait fait ciseler aux Gobelins, on le remplaça par des vases, des navicelles en jaspe, en albâtre, en porphyre, par des tables de mosaïque aux bordures de cuivre ciselé. Aujourd'hui, tout a disparu, et la galerie des Glaces n'a plus pour mobilier que les appliques de Louis-Philippe et d'étroites banquettes.

Le salon de la Paix, entièrement revêtu de marbre, orné de trophées en cuivre doré et de panneaux de glaces, a conservé sa décoration primitive.

Les peintures du plafond sont de Lebrun. On y voit la France montée sur un char que traînent deux couples de tourterelles; la Paix marche devant, escortée par l'Abondance, l'Allégresse, l'Hyménée, l'Autorité royale chassant la Discorde. Les tableaux des voussures, également de Lebrun, montrent l'Espagne et l'Allemagne heureuses, la Hollande « recevant à genoux les flèches qu'un Amour lui apporte avec des branches d'olivier, symbole des provinces que le roi avaient conquises sur elle et de la paix qu'il lui a donnée ».

Louis XV réunit aux appartements de la reine le *salon de la Paix* qui devint une salle de jeu; mais une cloison mobile permettait, les jours de grandes cérémonies, de le réunir à la galerie des Glaces dont il formait, avec le salon de la Guerre, le prolongement.

Les petits appartements du roi. — La première pièce des petits appartements ou appartements particuliers du roi était le *cabinet des Médailles ou Raretés*, qui fut entièrement refait sous Louis XV.

Les médailles et les pierres gravées du roi étaient renfermées dans douze armoires ou cabinets surmontés de quatre statues antiques, de huit statues d'argent et de vases précieux. Sur les murs, des dorures, des glaces, des cristaux, des peintures de Raphaël, Léonard de Vinci, André del Sarto, van Dyck, Holbein, Paul Véronèse, Claude Lorrain, Annibal Carrache.

« Sur le haut du chambranle de la cheminée, nous apprend Félibien, se trouvait la nef[1] du roi, entre deux vases en forme de burettes et diverses figures d'or, d'argent, d'ambre et de corail, couverts de perles, de diamants et de pierres précieuses. La nef est toute d'or, du poids de 150 marcs, et ornée de sculptures et de ciselures excellentes. »

Cette salle servit plus tard aux spectacles des petits cabinets et fut ensuite comprise dans les appartements de Madame Adélaïde. Enfin, Louis XVI en fit une salle de billard. On y a placé, lors de la création du musée, les gouaches de van Blarenberghe qui représentent les batailles et les sièges du règne de Louis XV. Les présidents du Sénat en avaient fait un office.

Nous ne citerons que pour mémoire la *petite galerie*, que Louis XV transforma en trois salons. Ce fut là que Mme de Pompadour établit le « théâtre des petits

---

1. La nef avait la forme d'un navire; elle renfermait la serviette du roi, la salière et les grands couteaux. Lorsqu'on passait devant la nef, il fallait faire une grande révérence.

appartements », inauguré par une représentation de *Tartufe*, le 16 janvier 1647. Le 27 novembre 1748, le théâtre fut transporté dans l'escalier des Ambassadeurs, et la série des représentations fut définitivement close, le 18 avril 1750, par *le Méchant*, de Gresset.

Le *salon ovale* a également disparu.

Le *cabinet des Agates* et le *cabinet des Pendules* formaient, sous Louis XIV, une grande salle séparée par des arcades et décorée de tableaux, d'objets d'art, répartis depuis entre le Louvre, diverses salles du château de Versailles, Trianon et la Bibliothèque nationale. Le cabinet des Agates devint, sous Louis XV, le cabinet du roi (où se faisaient les présentations), et la salle du conseil, qui s'appela le cabinet de la Pendule lorsqu'on y plaça, en 1749, la fameuse pendule de Passemant ; elle marquait les heures, les jours, les mois, les années et les phases de la lune.

Le *cabinet du Billard* fut le champ de bataille où Chamillard conquit son portefeuille. « C'était dit Saint-Simon, un grand homme, qui marchait en dandinant, et dont la physionomie ouverte ne disait mot que de la douceur et de la bonté, et tenait parfaitement parole... Sa fortune fut d'exceller au billard. Admis dans la partie du roi où il était le plus fort de tous, il s'y comporta si modestement, qu'il plût au roi... Le roi le goûta de plus en plus, et il en parla tant à Mme de Maintenon, qu'elle voulut le voir. Il s'en tira si bien avec elle que, peut-être pour flatter le goût du roi, elle lui dit de la venir voir quelquefois, et à la fin elle le goûta autant pour le moins que le roi. » Le plus habile des joueurs fut le pire des ministres, mais il faut lui rendre cette justice qu'il connaissait son incapacité et en faisait l'aveu. Lorsque Louis XIV voulut le transporter du billard dans son Conseil, Chamillard objecta respectueusement qu'il ne se croyait point digne d'un tel honneur, mais le roi passa outre : « Je vous seconderai, » lui dit-il. Il lui fallut néanmoins finir par se démettre de toutes ses charges pour donner satisfaction au mécontentement public. Sa probité ne désarma point l'opposition qui le larda d'épigrammes, dans le goût de celle-ci :

> Ci-gît le fameux Chamillard,
> De son Roi le protonotaire,
> Qui fut un héros au billard,
> Un zéro dans le ministère.

En 1738, Louis XV agrandit le cabinet du billard et en fit sa chambre à coucher ; il y mourut le 10 mai 1774, et Louis XVI l'habita à son tour. « Dans le fond, qui est opposé aux croisées, dit La Martinière, il y a une alcôve renfoncée dans laquelle est le lit. Cette alcôve est ouverte entre deux pilastres, aux angles du flanc desquels des palmiers s'élèvent et se recourbent en cintre. L'alcôve est fermée par une balustrade richement ornée... Le roi couche ordinairement dans cette chambre ; lorsqu'il se lève, il passe en robe, par le cabinet du conseil, dans la chambre de Louis XIV où se fait son lever avec les cérémonies ordinaires. » La Martinière ajoute que l'on voyait au-dessus des portes, dans de riches cadres, les portraits de François Ier par Le Titien, de Catherine de Médicis par Rubens, de Marie de Médicis par van Dyck, et de don Juan d'Autriche par Antoine More; ils ont été remplacés par les portraits de Mesdames.

On a accroché dans l'alcôve le *Sacre de Louis XV* par Signol, deux portraits de Louis XV par J.-B. Vanloo et Rigaud. Au milieu de la chambre, les statues équestres de Louis XIV et de Louis XV.

La salle du Conseil occupe l'emplacement du *cabinet du Roi* et du *cabinet des Perruques;* elle date de Louis XV. On ne sait ce qu'il faut le plus admirer du goût ou de la richesse de sa décoration. Sous Louis XIV, le *cabinet du Roi* fut, en quelque sorte, le sanctuaire de la divinité. C'était là que le roi travaillait, tenait conseil, décidait de la paix ou de la guerre, prenait toutes les grandes résolutions que commandaient l'honneur de la France et la gloire du monarque. Entre ces murs recouverts de cartes et de plans, environné de statues, de bustes, de tableaux, Louis XIV prenait place devant un bureau de velours vert, et présidait le conseil. A portée de sa main, des cachets d'or, une écritoire en argent doré, enrichie de diamants, une merveille[1]; l'orfèvre de Villers a ciselé le pou-

---

1. Voici la description qu'en donne l'inventaire des diamants de la cou-

drier, et Langlois a fait un chef-d'œuvre : une horloge placée dans un prisme octogone d'or massif, étincelant de rubis, de topazes, d'émeraudes, d'émaux et de diamants. Le *cabinet des Perruques* joua un grand rôle dans la vie de Louis XIV; c'était là qu'il venait essayer, plusieurs fois par jour, des perruques de forme et de grandeur diverses, soigneusement rangées dans une armoire. « Avant que le roi se lève, le sieur Quentin, qui est le barbier ayant soin des perruques, se vient présenter devant Sa Majesté, tenant deux perruques ou plus de différente longueur; le roi choisit celle qui lui plaît, suivant ce qu'il a résolu de faire dans la journée. Quand le roi est levé et peigné, le sieur Quentin lui présente la perruque de son lever, qui est plus courte que celle que le roi met ordinairement. Dans la journée, le roi change de perruque, comme quand il va à la messe, après qu'il a dîné, quand il est de retour de la chasse, de la promenade, quand il va souper... Le garçon qui est commis pour peigner les perruques a deux cents écus sur la cassette[1]. »

La chambre à coucher de Louis XIV. — C'était le

---

ronne : « Sur le plateau est une petite campane émaillée de bleu, sur laquelle est un petit globe émaillé de même, chargé des quatre côtés de trois fleurs de lis de diamants, accompagnées de deux tiges d'or, l'une de grenadier, l'autre de tournesol; le globe surmonté d'un soleil à rayons d'or et de diamants, avec la légende *Nec pluribus impar*. Le soleil s'ouvre à charnière et laisse voir le portrait de Louis XIV. A côté des tiges sont deux lions couchés, dont les têtes se dévissent et servent à placer l'encrier et le poudrier.

1. *L'État de la France* de 1708.

grand salon du château de Louis XIII et, jusqu'en juillet 1701, « le salon où le roi s'habille », selon Dangeau, « le grand salon du roi », dit le *Mercure*. On y célébra, en 1692, les fiançailles du duc de Chartres et du duc du Maine.

En juillet 1701, à la veille de son départ pour Fontainebleau, Louis XIV ordonne de transformer ce salon en chambre à coucher, de réunir la chambre qu'il occupait et le salon de Bassan pour en former la grande antichambre, qui devint l'Œil-de-bœuf. Le 16 novembre, tout est terminé, et lorsque le roi rentre à Versailles, il visite les nouvelles pièces qu'il trouve « d'une magnificence, d'un agrément et d'une commodité non pareils ».

Le plafond n'a point de peinture; il n'en eut jamais avant 1813; on imagina alors d'y placer le *Jupiter foudroyant les crimes* de Paul Véronèse, qui orna, jusqu'en 1859, le palais de Versailles, après avoir orné le palais ducal de Venise. L'humidité faillit avoir raison de ce chef-d'œuvre, et on le transporta au Louvre, où il est encore. Au-dessus de la corniche, les quatre évangélistes de Valentin, qui furent payés soixante-douze mille livres pour le cabinet des Raretés; un portrait d'Anne d'Autriche et un autre portrait de Marie-Thérèse avec le grand dauphin sur ses genoux. Aux côtés du lit, deux tableaux de la Sainte-Famille remplacent le « Saint Jean à Pathmos » de Raphaël, et le « David chantant les louanges du Seigneur », par le

CHAMBRE DE LOUIS XIV

Dominiquin. Louis XIV admirait à ce point ce dernier tableau, qu'il l'emportait dans tous ses voyages. Il est aujourd'hui au Louvre, comme tant d'autres chefs-d'œuvre du vieux Versailles. On y voyait encore sept tableaux de van Dyck, Valentin, Lanfranc, Alexandre Véronèse, du Dominiquin et du Caravage; on y trouve aujourd'hui des portraits de la famille royale, et le buste de la duchesse de Bourgogne par Coysevoz. N'oublions pas le médaillon en cire d'Antoine Benoist (1706) qui représente Louis XIV.

Toute la chambre est décorée de boiseries sculptées et dorées sur fond blanc: « Une grande arcade surbaissée, dit *Félibien*, sert du côté de l'occident, vis-à-vis des fenêtres, à augmenter la profondeur de cette chambre pour y placer plus commodément le lit du roi. Deux figures de femmes assises sur l'archivolte de l'arcade tiennent des trompettes en leur main pour représenter des Renommées. Tout le dedans du cintre de la même arcade est rempli d'un compartiment doré de cadres et de roses qui forment, sur un fond blanc, une espèce de mosaïque. C'est là que l'on a représenté, dans l'étendue du même cintre, par des sculptures (de Coustou et de Lespingola) toutes dorées, la France assise sur un amas d'armes, sous un riche pavillon.

« Le reste du même enfoncement sous la corniche qui sépare le cintre est tendu pour l'hiver de tapisserie, et le lit qu'on y a placé (c'est le chef-d'œuvre de Simon Delobel qui y travailla pendant douze ans) est neuf et d'un dessin aussi beau que magnifique. Il est de velours cramoisi couvert de broderie si tissue d'or, qu'à peine en peut-on reconnaître le fond (quelquefois de damas ou drap d'or, suivant la saison). On voit encore dans cette chambre quatre portières de tapisserie neuve à fond d'or, où des ornements ingénieusement travaillés et des figures au naturel représentent les quatre Saisons. »

Ce lit, séparé par une balustrade du reste de la chambre, représentait le triomphe de Vénus, et l'on voit encore, sur le dossier, l'Amour endormi sur des fleurs; mais Mme de Maintenon supprima la courte-pointe de Delobel, la trouvant trop profane, et la remplaça par un couvre-pieds sur lequel les demoiselles de Saint-Cyr avaient brodé le *Sacrifice d'Abraham* et le *Sacrifice d'Iphigénie*, mariant ainsi le sacré au tragique. Cette tapisserie est toujours visible; elle forme le ciel du lit. On retrouva, dans les dépôts de la couronne, le lit et la balustrade; mais le couvre-pieds n'a repris sa place qu'après de longues et nombreuses vicissitudes. Vendu pendant la Révolution, il fut colporté à travers les villes d'Allemagne, puis offert successivement à Louis XVIII, à Charles X, qui parurent s'en soucier médiocrement, et enfin à Louis-Philippe, qui l'acheta.

C'était dans cette chambre que se renouvelaient chaque jour les cérémonies du lever et du coucher; que le roi donnait audience aux ambassadeurs et au nonce ; recevait les serments des grands officiers de sa maison, et dînait au petit couvert. Ce fut là, enfin, que Louis XIV mourut le 1er septembre 1715, à huit heures et quart du matin. Sous ses successeurs, elle devint une chambre de parade.

Ce fut encore sur le balcon de cette chambre que, dans la matinée du 6 octobre 1789, Louis XVI vint demander grâce pour ses gardes du corps, et la reine fut obligée de paraître entre le dauphin et sa fille.

L'Œil-de-bœuf emprunte son nom à une ouverture ovale pratiquée, en 1701, dans le haut d'une fenêtre. La décoration de cette pièce est des plus riches ; ce ne sont que glaces, boiseries couvertes de sculptures, cuivres ciselés, bronzes aux dorures étincelantes. On y voit un tableau de Nocret représentant la famille de Louis XIV ; c'est l'Olympe descendu à Versailles : le roi est en *Apollon*, Marie-Thérèse en *mère des amours*, Mlle de Montpensier en *Diane*, Monsieur en *étoile du matin*, Henriette d'Angleterre en *Flore*, Anne d'Autriche en *Cybèle*, les trois filles du duc d'Orléans en *Grâces*; la reine d'Espagne, en *Zéphire*, voltige autour de la reine d'Angleterre, armée d'un trident.

L'antichambre du roi servit d'abord de salle à manger pour le grand couvert. Plus tard, « tous les lundis, vers les onze heures et demie du matin, lisons-nous dans l'*État de la France de* 1708, les garçons de la chambre dressent une table qu'ils couvrent d'un tapis de velours vert et mettent un fauteuil devant pour le

SALLE DE L'ŒIL-DE-BŒUF

roi. Après le conseil, environ à midi et demi, avant que le roi descende à la chapelle pour y entendre la messe, toutes les personnes qui ont des placets à présenter au roi, les viennent placer avec respect sur cette table. »

La grande salle des Gardes. C'était par là que l'on entrait dans les petits appartements. Le roi y faisait chaque année la cérémonie de la Cène, le jeudi saint. Quatre lits de justice y furent tenus : trois par Louis XV, en 1732, 1756, 1771, et un par Louis XVI, en 1787.

Ce fut, enfin, dans cette salle, que le 6 octobre 1789, le roi, escorté par La Fayette, reçut le serment des gardes nationales parisiennes ; elles lui jurèrent une fidélité qui devait être éternelle, mais qui n'eut point de lendemain.

LES APPARTEMENTS DE LA REINE

Comme le roi, la reine avait, à Versailles, ses grands et ses petits appartements.

Les grands appartements qui furent successivement habités par Marie-Thérèse, la dauphine de Bavière, la duchesse de Bourgogne, l'infante d'Espagne, Marie Leczinska, Marie-Antoinette, comprenaient une salle des gardes, une antichambre, un salon et une chambre à coucher. Louis XV y ajouta, nous l'avons dit, le *salon de la Paix*.

La chambre de la reine. La décoration primitive fut complètement détruite par Louis XV, et les peintures de Boucher remplacèrent le plafond de Gilbert de Sève. Marie-Antoinette fit sculpter les dauphins et les aigles de la maison d'Autriche; Louis-Philippe supprima la cheminée et le trumeau qui lui faisait face. Louis XIV y avait placé une balustrade d'argent qui fut fondue en 1689, et de riches cabinets où la duchesse de Bourgogne serrait ses bijoux et les pierreries de la couronne.

Deux reines et deux dauphines sont mortes dans cette chambre; dix-neuf enfants de France y sont nés. Marie-Antoinette faillit y être massacrée dans cette nuit du 6 octobre 1789 « où La Fayette dormit contre son roi »;.elle ne dut son salut qu'au dévouement des gardes du corps. Ils se firent massacrer à leur poste et leurs cadavres barrèrent assez longtemps le chemin aux égorgeurs pour donner à la reine le temps de s'enfuir.

On voit encore, dans cette chambre, les pitons qui soutenaient le dais du lit. Aux murs, sont accrochés les portraits de Marie Leczinska par Nattier, et de Marie-Antoinette par Mme Lebrun; le « Mariage de Louis XIV », par Testelin, d'après Lebrun, et le « Mariage du duc de Bourgogne », par Antoine Dieu.

Le *salon de la reine.* Le plafond, représentant Mercure protecteur des arts et des sciences, est de Michel Corneille, qui a peint également, dans les voussures,

Sapho jouant de la lyre, Pénélope travaillant à son éternelle tapisserie, Aspasie discourant avec les philosophes, Césisène et ses pinceaux.

Dans ce salon, assise sur un siège surmonté d'un dais et placé sur une estrade, la reine tenait son cercle ou présidait aux réceptions.

Le 30 juillet 1683, le corps de Marie-Thérèse y fut exposé. En février 1712, les corps de la duchesse et du duc de Bourgogne y reposèrent sur un lit de parade.

L'antichambre. Sauf le plafond, où la peinture de Vignon représentant Mars et sa planète a été remplacée d'abord par un « Saint Marc » de Paul Véronèse, et ensuite par une copie de la famille de Darius, d'après Lebrun, cette pièce a conservé sa décoration primitive.

Parmi les tableaux qui y ont été placés, nous citerons: les portraits de Louis XIV, par Lebrun, de Mme de Soubise, de Mme de Maintenon, du comte de Toulouse et du comte de Vermandois. Un tableau de Gérard « le duc d'Anjou déclaré roi d'Espagne », et un tableau de Hallé, « Réparation faite par le doge de Gênes ».

La duchesse de Bourgogne, alors enceinte de Louis XV, fit dresser dans cette antichambre, en 1740, un théâtre qui inaugura ses représentations, le 9 janvier, par *Polyeucte* et *l'Esprit de contradiction*. Nous savons, par Dangeau, que « le spectacle fut fort beau.

Il n'y avait que des dames considérables et des courtisans ».

C'était la salle du grand couvert de la reine. Marie Leczinska y prit tous ses repas en public ; Marie-Antoinette, moins éprise de l'étiquette, supprima cette corvée royale, et refusa, aussitôt après la mort de Louis XV, de s'astreindre plus longtemps à cette désagréable exhibition, au grand désespoir « des gens proprement mis et des provinciaux dont ce spectacle faisait le bonheur ».

La *salle des gardes de la reine*, qui fut d'abord la *salle du billard*, a conservé sa décoration primitive. Le plafond, de Noël Coypel, représente « Jupiter accompagné de la Justice et de la Pitié ».

Les gardes du corps Varicour, Durepaire, Miomandre de Sainte-Marie, y payèrent de leur vie, le 6 octobre 1789, leur dévouement à la reine.

Les petits appartements de la reine datent de Marie-Antoinette, en ce sens qu'elle les a entièrement remaniés et décorés. Sous Marie-Thérèse, ils n'avaient que fort peu d'étendue ; Louis XV les agrandit en les reliant aux appartements du duc de Bourgogne. C'était là que ce prince s'enfermait pour étudier et aussi pour cabaler contre Louis XIV, en compagnie de Fénelon, des ducs de Beauvilliers, de Chevreuse, de Saint-Simon, qui lui remettaient des mémoires énumérant les réformes à introduire dans le gouvernement, après la mort du vieux roi. Ce fut le duc de Bourgogne qui mourut le premier, et les auteurs de ces beaux projets se voyaient déjà à la Bastille, lorsque Louis XIV brûla tous les papiers du dauphin, sans les lire. Une lettre de Fénelon échappa seule à cet *auto-da-fé*; elle est des plus intéressantes. Son auteur propose de convoquer les notables, et, pour arracher le pays au despotisme qui le perd, de l'associer à l'administration de l'État.

Marie Leczinska fit de ce rendez-vous de conspirateurs un atelier de peinture.

Les petits appartements comprennent : le *salon de la reine*, remis à neuf sous Napoléon III pour la reine Victoria ; la *bibliothèque verte* et la *bibliothèque blanche*, où s'alignent des armoires vides; la *méridienne de la reine*, tout étincelante de ciselures dorées où les branches de rosier alternent avec des cœurs traversés de flèches, des dauphins entourés de branches de lis, et des aigles autrichiennes.

LES APPARTEMENTS DU GRAND DAUPHIN DE MADAME DE MAINTENON DE MADAME DE POMPADOUR ET DE MADAME DUBARRY

Louis XV a détruit la décoration de Louis XIV, Louis-Philippe a supprimé la décoration de Louis XV, et il ne reste rien de l'appartement du grand dauphin, de ces cabinets « où il y avait un amas exquis de tout ce que l'on peut souhaiter de plus rare et de plus précieux ».

L'appartement du grand dauphin fut occupé, après sa mort, par le duc de Bourgogne, le duc et la duchesse de Berry, le régent, le duc de Bourbon, le dauphin fils de Louis XV, le comte de Provence et les enfants de France.

De l'appartement de Mme de Maintenon, les murs seuls subsistent. Il a été complètement bouleversé lorsqu'on installa le musée.

Mme de Pompadour occupa une partie de l'ancien appartement des Bains; il se composait de cinq grandes pièces, qui forment aujourd'hui les *salles des Maréchaux*. Mmes Sophie et Victoire l'habitèrent ensuite, et Louis XVI le donna, plus tard, à Mme Adélaïde.

Louis XV chargea son architecte de décorer et de meubler un appartement qu'occupèrent tour à tour Mme de Mailly, Mme de Châteauroux et Mme de Pompadour, jusqu'en 1752. Mme Dubarry le fit agrandir et merveilleusement décorer. La chambre à coucher, le grand cabinet, le salon, la bibliothèque, étaient situés au-dessus de la chambre du roi, du salon des pendules, du cabinet du roi, et leurs fenêtres s'ouvraient sur la cour de marbre. L'antichambre, la salle à manger, la lingerie et le cabinet des bains donnaient sur les cours intérieures.

L'OPÉRA

Commencée en 1753 par l'architecte Gabriel, la salle de l'Opéra fut terminée en 1770, par l'inspecteur Leroy, et inaugurée le 17 mai de cette même année pour les fêtes du mariage du dauphin avec Marie-Antoinette.

La salle, entièrement construite en menuiserie, était peinte en marbre vert antique, avec des ornements en or mat ; les loges étaient garnies de velours bleu, et des arcades revêtues de glaces décoraient le fond de la galerie. Pour les fêtes, les bals, les banquets, on jetait, sur ce que nous appellerions aujourd'hui les fauteuils d'orchestre, un plancher mobile, et la scène devenait une seconde salle ayant, comme l'autre, ses galeries et ses loges. Le plafond de Durameau, qui représentait Apollon préparant des couronnes aux hommes illustres, a disparu ; il ne reste plus des peintures de Durameau que les Amours portant les attributs des douze Dieux qui voltigent aux plafonds des secondes loges.

Ce fut dans cette salle que, le 30 janvier 1782, les gardes du corps offrirent, à Louis XVI et à la reine, un bal dont nous retrouvons la description dans les souvenirs de M. de Bellegarde : « Il y avait un bal paré où toute la cour se trouvait ; le luxe des costumes, les riches uniformes en faisaient un coup d'œil enchanteur. Il commença à cinq heures du soir et finit à onze. Le bal masqué était non moins beau et le monde y était plus considérable. Il dura depuis une heure après minuit jusqu'à sept heures du matin. Le roi et la reine circulèrent dans les deux, où chacun eut la liberté de les voir et de les approcher à son aise. La reine était dans tout l'éclat de sa beauté ; sa démarche était imposante et elle avait un port de tête rempli de majesté : c'était véritablement une belle reine et une belle femme. Le roi, trop gros, est pris d'un embonpoint qui défigure les traits des Bourbons qu'il a fort prononcés ; il a les yeux gris et saillants ; il marche mal et sans grâce, et l'on aurait dit qu'il ne savait que faire de sa personne. Il avait l'air ennuyé et triste, bien qu'il fît l'honneur de témoigner sa satisfaction aux officiers des gardes du corps comme aux simples gardes. Quant à la reine, son air ne démentait point ses paroles affables. »

Sept ans plus tard, dans la même salle, les officiers des gardes du corps donnaient, le 1er octobre 1789, aux officiers des régiments de Flandre et des Trois-Evêchés, un banquet dont les historiens ont recueilli et publié les moindres détails ; ils sont trop connus pour qu'il soit nécessaire de les reproduire. Les conséquences n'en sont ignorées de personne : Paris se rua sur Versailles, envahit le palais et ramena prisonniers aux Tuileries « le boulanger, la boulangère et le petit mitron ».

Sous la Révolution, la *Société populaire* de Versailles siégea dans la salle de l'Opéra.

Louis-Philippe la fit restaurer et peindre en marbre

rouge. Le 10 juin 1837, le théâtre fut rouvert par une représentation de gala, à laquelle assistaient le roi et la famille royale. On joua : l'ouverture d'*Iphigénie en Aulide*, le *Misanthrope*, le troisième et le cinquième acte de *Robert le Diable*, les *Fêtes de Versailles*, paroles de Scribe et musique d'Auber ; le ballet de Corali : *Une fête sous Louis XIV ; — une fête en* 1837.

Sous l'Empire, le 25 juin 1855, un souper fut servi dans la salle de l'Opéra. L'empereur, l'impératrice, la reine d'Angleterre, le prince Napoléon, la princesse Mathilde, le prince Albert, le prince de Galles, la princesse royale d'Angleterre, le prince de Bavière, prirent place à une table dressée dans la loge d'honneur. — Le 24 août 1864, on joua *Psyché* devant l'empereur, l'impératrice, le roi d'Espagne, et cette représentation fut la dernière qui fut donnée sur ce théâtre, dont les portes ne devaient se rouvrir que le 20 mars 1871, pour recevoir l'Assemblée nationale.

Dans son « Théâtre à Versailles », M. Camille Pelletan a tracé un croquis très vivant et plein d'humour de cet opéra transformé en parlement : « On a accommodé la salle à son usage parlementaire, comme on arrange l'opéra pour les chorégraphies échevelées du carnaval, en couvrant le parterre d'un plancher de plain-pied avec la scène. Sur ce plancher, sont établis les bancs et pupitres de Messieurs les représentants. Là-dessus remuent, grouillent et papillotent en touches blanches, grises, noires, blondes, beurre frais et jaune de vieil ivoire, Leurs Majestés les sept cents crânes, perruques, chevelures et toupets, qui nous gouvernent présentement par la grâce de Dieu.

« Sur le pourtour, derrière la balustrade qui était celle des premières galeries, et qui se trouve aujourd'hui au niveau du plancher, se serre une double rangée de nos souverains, qui commence, à son extrémité de gauche, par la calotte de velours bleu de M. Littré, et qui finit, à son extrémité de droite, par la moustache cirée de M. le duc de Larochefoucauld-Bisaccia.

« Cette masse serrée de têtes parlementaires se présente à nous rayée d'étroites allées qui font des rainures et permettent d'y circuler. Deux de ces allées courent sur les bords, le long de la balustrade du pourtour. D'autres découpant un carré isolé au milieu des premiers rangs, et une dernière, divisant le fond de la salle en deux parties égales, dessinent, à elles toutes, une forme de gril avec sa queue au milieu de la foule. La queue et le côté gauche du carré séparent les deux camps : républicains d'une part, monarchistes de l'autre.

« Au-dessus du pourtour, s'accroche au mur de la salle le balcon des premières places d'où pendent, à intervalles égaux, des groupes de girandoles aux branches contournées en S, toutes fleuries, quand la nuit vient, de bouquets de flammèches roses. Tout ce balcon est bariolé, dans les grandes séances, par les toilettes féminines, où chatoient toutes les nuances de l'arc-en-ciel, et sur qui s'entassent les buissons pleins de corolles et de lianes, les champs de blés, piqués de coquelicots, les jardins suspendus à l'instar de Sémiramis, les plumages d'oiseau de paradis et les cornes d'abondance débordantes de raisins et de fruits, que les dames se mettent sur la tête sous prétexte de chapeau.

« Au-dessus du premier étage, une grandiose et profonde colonnade qui porte le plafond sur ses corniches se développe autour de la salle et fait de l'ensemble de l'architecture quelque chose comme le Louvre de Perrault ou la façade du garde-meuble ployée dans la forme de fer à cheval requise pour les salles de spectacle. Des lustres aux pendeloques de verroterie scintillent dans tous ses intervalles. Au beau milieu de la colonnade et précisément en face de la scène, une vaste loge voûtée en cul-de-four s'ouvre sous une arcade en plein cintre d'une ampleur triomphale, qui interrompt la corniche, et mord, de toute sa rondeur, dans le plafond. C'est là qu'éclate le maître lustre, royalement chargé de couronnes, de colliers, de guirlandes et de grappes de cristaux tout fourmillants d'étincelles. C'est dans cette loge, digne d'un souverain, que griffonnent les journalistes. De leurs places, ils surplombent à pic le corps diplomatique. A leur droite et à leur gauche, dans les intervalles de la colonnade, s'étage le profond et sombre fourmillement de public derrière lequel miroitent les belles glaces de Louis XV. Ce n'est pas encore tout ce que la salle contient d'auditeurs, car, le plafond, creusé en conque, ouvre sur ses bords un rang de larges œils-de-bœuf grillés et pleins d'ombre, par l'orifice desquels les moins favorisés, encaqués comme des harengs, entendent la séance sans la voir.

« Le vaste ovale qu'occupe le milieu de ce plafond encadrait autrefois une belle apothéose mythologique dans le goût du temps ; aujourd'hui, cette jolie peinture a été enlevée et remplacée par un utile, mais affreux vitrage, qui éclaire la précieuse salle Louis XV comme une gare de chemin de fer. Au delà, derrière deux couples de colonnes énormes chargées de groupes d'Amours dorés et flanquant le balcon des avant-scènes, s'ouvre le cadre de la scène. Au-dessus, dans un amas de nuages, deux anges agiles et légers, les plus spirituels, les plus chiffonnés, les plus délurés du monde, se sont posés sur la corniche, volant encore à moitié et portant les armes de France semées de fleurs de lis dans un cartouche galant...

« Toute la salle est rouge et or, et ce ne sont çà et là que joyeux trophées d'opéra faits de violons, de tambours de basque et de flageolets ; que petits Amours potelés portant des palmes plus hautes qu'eux ; que figures mythologiques au relief élégant, venues tout droit de l'Olympe pimpant de Parny ; que guirlandes paphiques en trompe-l'œil, décoration de rubans, faveurs et rosettes prises à la toilette d'une bergère de Florian ; et, sous la colonnade, des enfants roses, joufflus de tous les côtés, voltigeant dans tous les compartiments du plafond, roulent pêle-mêle de pile ou de face, avec leurs ailerons, au milieu de fleurs, de casques, d'aiguières et autres accessoires classiques. Telle qu'elle est, cette salle reste comme le monument le plus exquis et le plus achevé de cette royauté du dix-huitième siècle, décolletée, élégante, insoucieuse et étincelante de brio.

« Le rideau est levé ; un décor de salon à pan coupé avec portes latérales ; devant le fond du salon, une estrade où sont assis les huit secrétaires. Au milieu de l'estrade et la coupant en deux, en bas, une boîte d'acajou, qui est la tribune ; et, au-dessus, trônant au sommet de cet échafaudage parlementaire, le président de l'assemblée. »

Le 8 mars 1876, le Sénat prit possession de la salle de l'Opéra et y tint ses séances jusqu'au 2 août 1879.

La chambre des députés émigra dans l'aile du Midi, où son architecte, M. de Joly, lui avait construit, en 1875, une salle pour ses délibérations, au milieu de la cour de la Surintendance. Il en coûta 2,652,000 francs aux contribuables.

La salle du Congrès. — Cette salle, où se réunit maintenant le Congrès, fut inaugurée le 8 mars 1876 ; elle ne rappelle pas, même de très loin, la salle de l'Opéra. Ni belle, ni commode, elle a des échos étranges et des sonorités confuses qui déroutent jusqu'à la sténographie. La voix, trop vite repercutée sur la paroi du fond, revient sur l'orateur, ricoche aux extrémités et dégénère en un sourd murmure où l'éloquence elle-même se perd et s'éteint.

Les peintures décoratives sont de Rubé et Chapron. On a placé, au-dessus du président, un tableau de Couder : « l'Ouverture des États généraux » ; à sa gauche, deux tapisseries des Gobelins représentant des maisons royales.

LA CHAPELLE

Il y a eu quatre chapelles. Celle de Louis XIII fut démolie en 1671 ; la troisième, inaugurée en 1682, remplaça une chapelle provisoire ; la quatrième est celle qui existe actuellement. Elle fut bénite le 5 juin 1710 par l'archevêque de Paris, et on y célébra le 6 juillet le mariage du duc de Berry. Elle est l'œuvre de Mansart et de Robert de Cotte.

Les grandes peintures du plafond sont de Jouvenet, Coypel et Delafosse ; Boulogne l'aîné et Boulogne le jeune ont peint les plafonds des tribunes et la chapelle de la Vierge. Van Clève a sculpté le maître-autel de marbre et de bronze doré que surmonte une Gloire céleste ; le bas relief, représentant la Vierge tenant sur ses genoux le Christ mort, est de G. Coustou.

Louis XV y fut confirmé le 9 août 1722. On y célébra les mariages du dauphin, fils de Louis XV, de Louis XVI, alors dauphin, avec Marie-Antoinette, des comtes de Provence et d'Artois.

La tribune du roi, qui est en face de l'autel, occupe toute la largeur de la nef. On sait que Louis XIV remplissait avec beaucoup d'exactitude ses devoirs religieux et que, vers la fin de son règne, sous l'influence de Mme de Maintenon, sa dévotion s'en alla toujours grandissant. Les courtisans, qui cherchaient à flatter le roi en l'imitant, affichaient un grand zèle religieux, et les dames de la cour renchérissaient sur ces flatteurs. Saint-Simon raconte que le major des gardes du corps, Brissac, joua un fort méchant tour à ces fausses dévotes. « C'était un homme droit qui voyait avec impatience toutes les tribunes de la chapelle remplies de dames l'hiver au salut, les jeudis et les dimanches, où le roi ne manquait guère d'assister, et presque aucune ne s'y trouvait quand on savait de bonne heure qu'il ne viendrait pas, et sous prétexte de lire dans leurs heures, elles avaient toutes de petites bougies devant elles pour les faire connaître et remarquer. Un soir, que le roi devait aller au salut, et qu'on faisait à la chapelle la prière de tous les soirs qui était suivie du salut, quand il y en avait, tous les gardes postés et toutes les dames placées, arrive le major vers la fin de la prière, qui, paraissant à la tribune vide du roi, lève son bâton et crie tout haut : « Gardes du roi, retirez-vous, ren-« trez dans vos salles, le roi ne viendra pas. » Aussitôt les gardes obéissent, murmures tout bas entre les femmes, les petites bougies s'éteignent, et les voilà toutes parties excepté la duchesse de Guiche, Mme de

Dangeau et une ou deux autres qui demeurèrent. Brissac avait posté les brigadiers aux débouchés de la chapelle pour arrêter les gardes, qui leur firent reprendre leurs postes, sitôt que les dames furent assez loin pour ne pas s'en douter. Là-dessus arrive le roi qui, bien étonné de ne pas voir de dames remplir les tribunes, demanda par quelle aventure il n'y avait personne. Au sortir du salut, Brissac lui conta ce qu'il avait fait, non sans s'espacer sur la piété des dames de la cour. Le roi en rit beaucoup et tout ce qui l'accompagnait. L'histoire s'en répandit incontinent après ; toutes ces femmes auraient voulu l'étrangler. »

LE PARC

Le parc de Versailles n'est point, comme on le croit assez généralement, l'œuvre du seul Le Nôtre, et ne date pas de Louis XIV ; il existait sous Louis XIII ; Lemercier et Jacques Boyceau commencèrent ce que Le Nôtre acheva et surtout embellit.

Sous Louis XIII, le château est précédé, comme aujourd'hui, d'une terrasse ; un escalier central conduit à un parterre de broderies, et l'on gagne le Fer à cheval par une allée centrale. Les quinconces du Nord et du Sud s'appellent le bosquet du Dauphin et le bosquet de la Girandole. Le tracé général est de Lemercier ; Jacques Boyceau plante et décore les bos-

'quets, trace les parterres de pelouse et les parterres de broderies [1].

Le premier soin de Louis XIV fut d'agrandir le parc de Louis XIII, et, dès le 3 avril 1664, tous les propriétaires d'héritages et terres compris dans l'enceinte du parc durent se présenter devant Colbert, qui estimait ou faisait estimer par des experts ces parcelles de terrains et les achetait.

Jusqu'en 1669, Louis XIV ne s'occupa que du parc et lui donna tous ses soins. Le Nôtre agrandit la terrasse, remplaça les parterres de broderies par le parterre d'eau, élargit le Tapis vert, multiplia les bassins, planta les bosquets où les eaux jaillirent de toutes parts et les peupla de statues. Ce fut sur le terrain même que ce jardinier de génie indiqua au roi ce qu'il comptait faire, et traça, en quelque sorte, son plan général. La Font de Saint-Yenne nous a laissé un récit fort amusant de cette journée, qui fut décisive pour la fortune et la gloire de Le Nôtre : « Il commença par les deux pièces d'eau qui sont sur la terrasse au pied du château et leurs magnifiques décorations ; de là, il expliqua au roi son idée pour la double rampe en forme de fer à cheval qui est en face du milieu du bâtiment, ornée d'ifs et de statues, et lui détailla toutes les pièces qui devaient enrichir l'espace qu'elle renferme. Il

---

[1] Ces parterres renfermaient de grands dessins exécutés en tapis de gazon et buis taillés ; tout autour régnait une plate-bande de fleurs garnie d'ifs.

l'amena ensuite par l'allée du Tapis vert à cette grande place où se voit la tête du canal dont il lui exposa la longueur terminée par une croisée, aux deux extrémités de laquelle il plaça Trianon et la Ménagerie. Louis XIV, à chaque grande pièce dont Le Nôtre lui marquait la position et décrivait les beautés qui lui étaient destinées, l'interrompait en lui disant : « Le « Nôtre, je vous donne vingt mille francs. » Cette magnifique approbation fut si souvent répétée, qu'elle fâcha cet homme dont la grande âme était aussi noble et aussi désintéressée que celle de son maître était généreuse. Il s'arrêta à la quatrième interruption, et il lui dit brusquement : « Sire, Votre Majesté n'en saura pas davantage, je la ruinerais. »

En 1664, Perrault trace le parterre du Nord. En 1665, 1,250 arbrisseaux enlevés des pépinières de Fouquet sont plantés dans le parc. En 1666, le grand perron et les deux escaliers actuels remplacent les allées en pente du Fer à cheval. En 1667, on place les conduites d'eau, on travaille aux vases de bronze et aux ornements en plomb doré des bassins, Houzeau sculpte les Termes de pierre, les deux Marsy commencent le groupe de Latone, Turby le groupe du char d'Apollon, et Perrault l'Allée d'eau ; on fait venir de Flandre des ormes et des tilleuls ; on achète les vases de faïence pour les orangers ; on travaille au *Théâtre d'eau,* au *Labyrinthe,* à l'*Étoile,* au *Grand canal,* et Pierre de Francine combine ces décorations d'eau « dont les changements sont aussi fréquents que ceux des pièces de machines qui en sont le plus remplies ». En 1668, on commence la longue avenue qui se prolonge jusqu'à Villepreux. En 1669, le parc est terminé ; c'est une merveille, avec ses 1,400 jets d'eau, ses fontaines, ses allées bordées de charmilles de vingt mètres de hauteur, percées de niches abritant des statues et des vases. Quatre-vingt-quinze sculpteurs ont concouru à cette ornementation devant laquelle les étrangers se sentent frappés d'admiration ; l'Italie a envoyé ses antiques ; les premiers fondeurs du monde ont lutté à coups de chefs-d'œuvre.

Ce parc admirable, dont le médecin anglais Lister disait : « Les jardins sont une province entière dessinée en allées, en promenades, en fontaines, en canaux, et, de toutes parts, ornée de chefs-d'œuvre de l'art ancien et moderne, » ce parc fut sans cesse remanié, bouleversé. De l'ornementation primitive, de la distribution première, il ne subsiste aujourd'hui que les lignes principales. Un bosquet était-il terminé, ses statues en place, ses vases de fleurs épanouis comme des bouquets de feu d'artifice, ses eaux jaillissantes, le roi venait, admirait, distribuait les éloges, donnait une fête, et tout disparaissait pour renaître sous une autre forme qui n'était jamais définitive.

La grotte de Thétis, elle-même, fut sacrifiée à cet amour du nouveau, à cette passion toujours plus vive du changement. Construite par Pierre de Francine, là

VUE DE L'ORANGERIE

où se trouve aujourd'hui le vestibule de la chapelle, elle renfermait les groupes de Girardon et de Marsy, qui ornent les *Bosquets des bains d'Apollon*. Mlle de Scudéri en donne une description que nous reproduisons, en l'abrégeant : « La grotte a trois grandes arcades fermées par des portes à jour toutes dorées, d'un travail admirable; un long rang de coquilles dorées règne au bout des arcades. Elle est très magnifique, grande, spacieuse (18 mètres de long sur 13 et demi de large, à l'intérieur); tous les ornements que l'architecture peut recevoir y paraissent formés par des coquillages. On voit, à toutes les encoignures, de grandes coquilles de marbre jaspé, d'où l'eau s'épanche avec une abondance extrême. Neptune est représenté dans l'enfoncement du bout de la grotte, tenant une urne renversée, d'où il sort une si grande quantité d'eau, qu'il s'en forme une grande nappe de cristal mobile qui occupe toute la largeur de la grotte... On voit quatre chandeliers aquatiques, qui sont d'une invention admirable; ils ont, au lieu de lumière, chacun six branches dorées, en figures d'algue marine, qui jettent de l'eau en abondance, et dont les jets, se croisant, font un objet merveilleux et nouveau... Plusieurs miroirs enchâssés dans des coquillages multiplient encore tous ces beaux objets, et mille oiseaux de relief, parfaitement imités, trompent les yeux pendant que les oreilles sont agréablement trompées : car, par une invention toute nouvelle, il y a des orgues cachées et placées de telle sorte, qu'un écho de la grotte leur répond d'un côté à l'autre, mais si naturellement et si nettement, que tant que cette harmonie dure, on croit effectivement être au milieu d'un bocage, où mille oiseaux se répondent, et cette musique champêtre mêlée au murmure des eaux fait un effet que l'on ne peut exprimer... »

La grotte de Thétis a disparu, comme tant d'autres merveilles du parc, « ce chef-d'œuvre ruineux, où les changements des fontaines ont enterré tant d'or qui ne peut paraître. » C'est ce que Dangeau indique sous une forme plus discrète, en rééditant presque à chaque page cette phrase, qu'on pourrait prendre pour un ironique refrain : « Le roi alla se promener dans les jardins, où il a trouvé beaucoup de changements qu'il avait ordonnés et dont il est très content. » Pour donner une idée de ce qu'étaient ces changements et de la courte durée de la satisfaction royale, il suffira de dire que, sous le règne de Louis XIV, le parc a été refait trois fois. La Palatine, témoin de ces bouleversements, les constate avec une tranquille philosophie : « C'est un trait caractéristique chez tous ceux qui aiment à bâtir ; ils aiment à changer et à recommencer. Notre roi est ainsi ; il n'y a pas d'endroit, à Versailles, qui n'ait été modifié dix fois, et souvent il arrive que c'est pis. »

Sous les successeurs de Louis XIV, le parc subit des remaniements encore bien plus considérables, puisqu'on en coupa tous les arbres, en 1775 ; on bouleversa les bains d'Apollon, le Labyrinthe, les bosquets du Dauphin et de la Girandole. Dans les dernières années du règne de Louis XV, le jardin est abandonné, les eaux des fontaines croupissent et les bassins à demi secs répandent des miasmes pestilentiels. Sous

LA TOILETTE D'APOLLON

Louis XVI, la plupart des jets d'eau ne fonctionnent plus ; la cour a déserté, pour les ombrages des Trianons, ces bosquets plantés de jeunes arbres dont le feuillage ne garantit pas encore des rayons du soleil. Sur la terrasse, le roi manie la bêche et donne des leçons d'agriculture au dauphin ; les économistes en pleurent de joie.

Sous la Révolution, les parterres deviennent des

jardins potagers, les pommes de terre remplacent les fleurs.

Napoléon remet le parc en état; il s'y promène, suivi de sa cour, et, le 14 juillet 1801, les eaux jouent pour la première fois devant le négociateur du concordat, le cardinal Consalvi.

De 1860 à 1881, on replante le parc, bosquet par bosquet.

FLEUVE, PAR COYSEVOX

Il faudrait tout un volume pour décrire les bassins, les statues, les parterres, les bosquets, les immenses pièces d'eau de ces jardins qui ne lassent jamais l'admiration. Nous allons les parcourir rapidement, en renvoyant aux ouvrages spéciaux ceux qui sont désireux de tout connaître par le détail.

Devant le palais, le parterre d'eau avec les groupes en bronze des frères Keller, les statues de Le Hongre, de Regnaudin, van Clève, Magnier, Poultier, Raon, Lespingola, la *Garonne* et la *Dordogne*, de Coysevox, le *Rhône* et la *Saône*, de Tuby. Le parterre du Midi, l'ancien parterre des Fleurs, où sont ces marches de marbre rose, chantées par Alfred de Musset, conduit à l'Orangerie et domine la pièce d'eau des Suisses. On descend de la terrasse du château à ce parterre par le degré des sphinx.

L'Orangerie, que Louis XIV visitait souvent, a été construite, en 1685, par Mansart. Elle renfermait alors 2,000 orangers « aussi gros, dit Lister, pour plusieurs centaines d'entre eux, qu'ils pourraient venir dans leur pays ». La galerie du milieu a 155 mètres de long sur 12 mètres 90 de large; les deux galeries latérales ont chacune 115 mètres de longueur. On a dit, avec raison, que les deux rampes d'escalier de l'Orangerie sont « le plus bel ouvrage d'architecture qui existe à Versailles ». En 1871, on enferma dans l'Orangerie les complices de la Commune.

La pièce d'eau des Suisses emprunte son nom au régiment des gardes suisses, qui la creusa et exécuta les travaux de terrassement. Elle a 400 mètres de longueur sur 140 mètres de largeur. A l'extrémité de la pièce d'eau, se dresse la statue de *Marcus Curtius* du Bernin. Ce Curtius fut d'abord un Louis XIV; mais le roi, ne trouvant point cette statue à son gré, donna l'ordre de la briser; Girardon se contenta de la décapiter, la retoucha et fit, du Louis XIV, un Curtius. Ce fut là que, en décembre 1788, le bailli de Suffren tomba mortellement blessé, dans un duel avec M. de Mirepoix.

Avec les terres que l'on tira de la pièce d'eau des Suisses, on combla l'étang voisin, dont la Quintinie fit ensuite un potager. Il existe encore. Louis XIV, qui adorait les fruits et plus particulièrement les raisins muscats, faisait le plus grand cas de la Quintinie, qui inventa les primeurs et raffina l'art de conserver les fruits pendant l'hiver. Le roi l'anoblit, et témoigna un assez vif regret de sa mort. « Madame, dit-il, à sa veuve, nous venons de faire une perte que nous ne réparerons jamais. »

On raconte sur le successeur de la Quintinie, Louis Lenormand, une plaisante anecdote que liront avec plaisir ceux qui recherchent l'origine, presque toujours fort obscure, de nos locutions proverbiales. Louis XV, dans la seule visite qu'il fit au potager, avisa une série de ces petits poiriers, qui portent, vers la Saint-Jean, des fruits de qualité fort médiocre. Interrompant Lenormand qui lui indiquait, avec un grand luxe de formules admiratives, les différentes espèces de poiriers : « Et ça? dit le roi. — Ça, répondit dédaigneusement le jardinier, ce n'est que de la Saint-Jean ! » Cette réponse, dont s'amusèrent Louis XV et ses courtisans, devint un proverbe.

Le parterre du Nord se développe parallèlement au parterre du Midi ; il a été dessiné par Claude Perrault, en 1664, et le fondeur Duval l'orna des magnifiques vases de bronze modelés par l'orfèvre Ballin; de ce parterre, on arrive à l'allée d'eau ou allée des Marmousets, qui conduit au bassin de Neptune, entre les

VASE DE BALLIN

bosquets des Trois Fontaines, de l'Arc de triomphe, la fontaine de la Pyramide et le bassin du Dragon. L'allée des Marmousets, qui doit son nom aux groupes d'enfants de ses vingt-deux petits bassins, a été dessinée par Claude Perrault.

Le bassin de Neptune est tout à la fois le plus grand

et le plus remarquable des bassins du parc ; commencé par Louis XIV, qui l'inaugura le 17 mai 1685, il fut terminé par Louis XV. Le *Protée*, de Bouchardon, fut mis

MARMOUSETS

en place en 1739 ; l'*Océan*, de J.-B. Lemoine, en 1740 ; le *Neptune* et l'*Amphitrite*, de Lambert-Sigisbert Adam, en 1740. Le bassin était achevé en 1741, et, le 14 août de cette année, les eaux jouèrent, pour la première fois devant Louis XV.

En revenant au parterre d'eau, pour nous rendre au bassin de Latone, nous nous arrêterons quelques minutes devant les cabinets de verdure de Diane et du Point du jour, pour admirer les groupes d'animaux fondus par les Keller, et les statues de Marsy, Desjardin, Lehongre, Legros et Magnier. Les groupes d'ani-

BASSIN DE LATONE

maux en bronze sont de van Clève, pour le cabinet de Diane, et de Houzeau, pour le cabinet du Point du jour.

On descend au parterre de Latone par trois degrés et deux rampes ornées de statues et de vases copiés, à Rome, d'après l'antique.

Le bassin de Latone est au milieu du parterre; il est flanqué de deux autres bassins, plus petits, dits des Lézards. Les sculptures des uns et des autres sont des frères Marsy.

Le Tapis vert ou Allée royale, d'une longueur de 335 mètres, nous conduit au bassin d'Apollon, appelé plus communément le « Char embourbé ». Le groupe qui a donné son nom au bassin a été exécuté par Tuby, sur les dessins de Lebrun.

Le grand canal a 1,560 mètres de long sur 120 mètres

POMONE

de large; il forme à son extrémité une pièce d'eau de 195 mètres.

Reprenant notre course rapide à travers le parc, sans nous arrêter devant les bosquets, aujourd'hui dépouillés de leurs ornements et dont le nom seul rappelle les anciennes splendeurs, ni devant ces bassins perdus aux coins des allées, dont deux ou trois seulement présentent un intérêt artistique, nous visiterons les bains d'Apollon, le bassin d'Encelade, la salle de Bal, la Colonnade, le bosquet de la Reine et le jardin du Roi.

Les bains d'Apollon ont remplacé le Marais, création de Mme de Montespan, qui ne survécut pas à la faveur de la marquise. Le *Mercure* nous a donné une description de ce Marais « dont les bords sont remplis de roseaux, parmi lesquels sont des cygnes dans les coins ; et toutes les branches, toutes les herbes, tous les roseaux et les cygnes venant à jeter de l'eau tout ensemble, et un million de petits jets paraissant à la fois, forment une pluie d'eau qui réjouit la vue... Au milieu des deux ailes de ce marais, sont deux tables de marbre, sur lesquelles on voit plusieurs choses qui peuvent servir à construire un buffet ; mais comme la plupart de ces pièces n'ont que des cercles ou autres morceaux dorés, il est difficile de deviner à quels usages ils sont destinés. Lorsque l'eau vient à jouer, elle satisfait la curiosité des spectateurs, et en remplissant les vides qui sont entre ces pièces, elle forme des vases parfaits, dont le corps paraît d'un beau cristal enrichi d'ornements dorés... » Mansart remplaça, en 1704, le Marais par les bains d'Apollon, et, en 1779, Hubert Robert remania l'œuvre de Mansart. C'est là que se trouvent, abritées sous un rocher, les statues qui décoraient l'ancienne *grotte de Thétis*. Le groupe principal, Apollon et les nymphes, a été sculpté par Girardon et Regnaudin ; les groupes de chevaux sont de Guérin et des frères Marsy.

GROUPE PRINCIPAL DU BASSIN DE NEPTUNE

Le bassin d'Encelade nous montre le géant enseveli sous des blocs de rocher; le bras droit et la tête émergent seuls, et, de sa bouche, s'élance un jet d'eau de 23 mètres, un des plus élevés du Jardin.

La salle de Bal est décorée de vases et de torchères; celles-ci recevaient des girandoles pour les fêtes de nuit. « Dans le fond, on voit une cascade de rocailles d'où tombent des nappes d'eau qui produisent un murmure agréable et un effet très brillant aux lumières, dit Blondel. Au-dessus, est un trottoir où se place l'orchestre. Au milieu, une espèce d'arène sur laquelle on danse quand il plaît à Sa Majesté d'y donner quelque fête. » Outre les bals, le roi y offrait aussi des collations, et le grand-dauphin, en revenant de courre le loup, y faisait servir à souper aux chasseurs.

La Colonnade servait également aux collations, et l'on y soupait aux flambeaux. « Trente-deux colonnes de marbre, dit Blondel, avec autant de pilastres, composent la décoration d'un cirque, dont le sol est environné d'un perron de marbre de cinq marches, et dans le milieu duquel est un groupe de même matière[1] posé sur un piédestal circulaire élevé sur deux gradins; les colonnes, de la plus belle exécution, sont soutenues par autant de socles. Les bases sont antiques, et les chapiteaux modernes. Dans les vingt-

---

1. C'est l' « Enlèvement de Proserpine », par Coysevox qui a sculpté les bas-reliefs du piédestal figurant les principales scènes de cet enlèvement. Groupe et bas-reliefs ont été exécutés d'après les dessins de Lebrun.

huit entre-colonnements sont placés autant de bassins, aussi de marbre, d'où s'élance un jet d'eau qui, dans sa chute, forme une nappe dans un chéneau de marbre qui sert de soubassement à toute cette architecture. » Les bas-reliefs de la colonnade sont de Coysevox, Lehongre, Granier, Lecomte, Mazière.

LA COLONNADE

Le bosquet de la Reine occupe l'emplacement du Labyrinthe de Le Nôtre. C'était, dit Lister, un commentaire des fables d'Esope *ad usum Delphini*. En effet, si l'on ne pouvait manquer de s'égarer dans les petites allées de ce labyrinthe qui s'enchevêtraient, on s'y perdait agréablement, car il n'y avait pas de détour d'où l'on n'aperçût plusieurs fontaines, et ces trente-neuf fontaines montraient trente-neuf fables, « si naïvement exprimées, qu'on ne pouvait rien voir de plus ingénieusement exécuté. Les animaux, en plomb colorié selon le naturel, semblaient être dans l'action même qu'ils représentaient, d'autant plus que l'eau qu'ils jetaient imitait en quelque sorte la parole que la fable leur a donnée. » Benserade avait mis chaque fable en quatrain, comme il a mis les *Métamorphoses* d'Ovide en rondeaux. On grava ces quatrains, en lettres d'or, sur des plaques de bronze :

> . . . . . Et tout était fort beau,
> Hormis les vers, qu'il fallait laisser faire
> A La Fontaine.

Il n'y a aujourd'hui, dans le bosquet de la Reine, que deux statues en bronze, la *Vénus de Médicis*, le *Gladiateur combattant*, et quatre beaux vases, dans un quinconce de tulipiers. Ce fut, dit-on, dans ce bosquet que le cardinal de Rohan fut mystifié par l'intrigante Mlle d'Oliva, une des complices de l'affaire du collier.

Le jardin du Roi date de Louis XVIII; il remplaça l'Ile-Royale, devenue un dépotoir.

On s'aperçut, lorsque le château eut été construit, le parc planté et les bassins commencés, que l'eau manquait. Sous Louis XIII, François de Francine avait bien amené jusqu'à Versailles les eaux de la Bièvre au moyen de pompes mues par des moulins à vent, de réservoirs et d'aqueducs; mais lorsque les grands travaux de Le Nôtre furent achevés, ni les eaux de la Bièvre ni celles du grand étang de Clagny ne suffirent plus.

Riquet, célèbre par son canal du Languedoc, imagina de saigner la Loire; mais son projet parut impraticable et l'on travailla, de 1681 à 1687, à l'établissement de la machine de Marly; à peine commença-t-elle à fonctionner qu'on la trouva insuffisante. On eut alors recours au mathémathicien Lahire et à Vauban, qui détournèrent l'Eure pour l'amener à Versailles. On commença et l'on poussa activement les travaux auprès de Maintenon; en 1686, vingt-deux bataillons creusaient un canal de 40 kilomètres, élevaient un aqueduc de 6,000 mètres, et Racine écrivait à Boileau, le 4 août 1687: « J'ai fait le voyage de Maintenon et je suis fort content des ouvrages que j'y ai vus; ils sont prodigieux et dignes en vérité de la magnificence du roi. Les arcades qui doivent rejoindre les montagnes vis-à-vis de Maintenon sont presque faites: il y en a quarante-huit; elles sont bâties pour l'éternité. Il y a plus de trente mille hommes qui y travaillent. »

Saint-Simon nous donne une note bien différente: « Qui pourra dire l'or et les hommes que cette tentative obstinée coûta pendant plusieurs années, jusque-là qu'il fut défendu, sous les plus grandes peines, dans le camp qu'on y avait établi et qu'on y tint très longtemps, d'y parler des malades, surtout des morts, que le rude travail et plus encore l'exhalaison des terres remuées tuaient? Combien d'autres furent des années à se rétablir de cette contagion? Combien n'en ont pu reprendre leur santé pendant le reste de leur vie! Et toutefois, non seulement les officiers particuliers, mais les colonels, les brigadiers et ce qu'on y employa d'officiers généraux, n'avaient pas, quels qu'ils fussent, la liberté de s'en absenter un quart d'heure, ni de manquer eux-mêmes un quart d'heure de service sur les travaux. La guerre, enfin, les interrompit en 1688, sans qu'ils aient été repris depuis[1]; il n'en est resté que d'informes monuments qui éterniseront cette cruelle folie. »

Enfin, de 1675 à 1688, on entreprit de grands travaux de nivellement, de construction de rigoles et d'aqueducs qui permirent de recueillir et d'amener à Versailles les eaux de pluie et de fonte de neige qui tombent sur une surface de neuf lieues de long sur quatre de large. On parvint à en emmagasiner 8 millions de mètres cubes. Il en faut aujourd'hui 10,000 mètres cubes pour le service des grandes eaux. La canalisation en tuyaux mesure 20 kilomètres; le sol des jardins recouvre des voûtes qui ont jusqu'à 5 mètres de hauteur, des aqueducs et des milliers de tuyaux.

---

1. Les dépenses s'élevèrent à 40 millions de francs de nos jours (8,612,995 livres), et des milliers de soldats étaient morts.

Tout le monde a vu jouer les grandes eaux et, comme le dit La Martinière, « on ne peut rien voir de plus surprenant que ces jeux capables d'épuiser une rivière. » Sous Louis XIV et ses successeurs, les eaux jouaient de dix heures du matin à huit heures du soir, pendant l'été seulement, dans les parterres d'eau et les quelques bassins qu'on aperçoit des terrasses. Les grandes eaux ne jouaient publiquement qu'aux fêtes de la Pentecôte et de Saint-Louis, ou lorsque quelque haut personnage était admis à l'honneur de visiter Versailles ; ce spectacle durait alors environ deux heures et demie.

C'est dans ce château et dans ce parc que défilèrent successivement, sous trois règnes, tous les grands hommes, toutes les célébrités de la France, et que notre histoire se fit au jour le jour.

DEUXIÈME PARTIE

L'HISTOIRE A VERSAILLES

VERSAILLES SOUS LOUIS XIII

Si Louis XIII montra une préférence marquée pour « son plaisir de Versailles » et y résida souvent, ses séjours n'en étaient marqués que par des parties de chasse ou égayés, autant que l'existence de ce royal attristé pouvait l'être, que par des collations offertes à la reine et à ses amies de cœur. La politique, sauf en une seule circonstance, n'y fit jamais son apparition ; Richelieu ne l'eût point permis.

Le cardinal ne vint qu'une seule fois à Versailles, le 11 novembre 1630, pour y gagner la grosse partie engagée contre la reine mère, dans cette « Journée des dupes », dont le dernier acte se joua dans la chambre du roi. Richelieu s'y glissa par un escalier dérobé qui donne à cette page d'histoire la saveur d'une page de roman. On sait comment Marie de Médicis, un instant triomphante, expia cruellement cette victoire sans lendemain, et combien Richelieu fut implacable dans son triomphe. A l'heure même où son ennemie annonçait, à Paris, la défaite du cardinal et envoyait des courriers en répandre partout « la bonne nouvelle », Richelieu arrivait à Versailles, était logé sous la chambre du roi, pénétrait chez Louis XIII par le fameux escalier dérobé, et, dans une dernière entrevue, rentrait en possession de la confiance du roi, redevenait le ministre indispensable, imposait ses conditions et assurait ses vengeances. Cet escalier historique

RICHELIEU

existe encore : large de 68 centimètres, et pratiqué dans l'épaisseur de la muraille, il part de la salle des rois de France et débouche dans l'Œil-de-bœuf.

Comme Richelieu, Mazarin ne fait qu'une seule et courte apparition à Versailles. Il y vient, le 30 décembre 1641, après son élévation au cardinalat, remercier le roi de sa promotion, et en reçoit le meilleur accueil.

Le dernier séjour de Louis XIII à Versailles est du

8 au 18 février 1643; il mourut le 14 mai suivant.

Bien que Louis XIII chassât fréquemment à courre dans les bois de Versailles, son passe-temps favori était la chasse au faucon[1]. Aussi son premier soin fut-il d'établir, à l'extrémité du parc, une ménagerie où l'on entretenait le « vol du roi ». Louis XIII volait

MAZARIN

tout indistinctement : le milan et la caille, la buse et le chat-huant, l'aigle pêcheur et le courlis, la corneille et la perdrix, le lièvre et l'étourneau, le lapin et la pie, le martinet, la mésange, le moineau, le rossignol, le rouge-gorge, le roitelet, jusqu'à la chauve-souris.

1. Cela s'appelait « voler ».

Louis XIII, qui fut un roi chaste et un mari fidèle, n'eut que des amies, platoniquement aimées.

La première en date fut Mlle de Hautefort, fille d'honneur de la reine et absolument dévouée à Anne d'Autriche. Le roi l'emmenait souvent à Versailles où il lui offrait de galantes collations; elle le suivait à la chasse; ils revenaient dans le même carrosse, en compagnie de Mlle de Montpensier, et lorsque Louis XIII était de bonne humeur, il « les entretenait fort agréablement de toutes choses ». Musicien et poète, il composa, à Versailles, des chansons qui célébraient les mérites de Mlle de Hautefort, dont la vertu, du reste, ne courut jamais aucun danger, car « il ne lui parlait que de chiens, d'oiseaux et de chasse ». Mme de Motteville ajoute que Mlle de Hautefort « se moquait de lui et de ce qu'il n'osait s'approcher d'elle quand il l'entretenait ».

L'amour que ressentit Louis XIII pour une autre fille d'honneur de la reine, Mlle de la Fayette, fut plus violent. Elle l'aimait comme un frère, et, pendant deux années, cette affection parut suffire au roi; mais, en 1637, il se déclara et lui offrit un logement à Versailles, « pour y vivre sous ses ordres et être toute à lui ». Mlle de La Fayette, craignant de succomber, s'enfuit de la cour et entra dans un couvent.

VERSAILLES SOUS LOUIS XIV

Les grands jours de Versailles commencent avec le règne de Louis XIV ; ce sont d'abord les fêtes, les carrousels, les représentations de Molière, les promenades de la cour sur le grand canal qu'une flottille de gondoles sillonne jour et nuit, les illuminations, les feux d'artifice, les soupers, les bals ; puis, l'installation définitive du gouvernement, avec les pompes d'une étiquette qui fait du roi un demi-dieu, l'éclat d'une puissance toujours grandissante qui conduit aux pieds du monarque victorieux les représentants des peuples qu'il vient de châtier. C'est véritablement le palais du Soleil, presque l'Olympe, jusqu'au jour où, les revers arrivant avec l'âge, jettent le roi attristé dans l'oratoire de Mme de Maintenon et répandent sur cette cour brillante comme un voile de deuil.

Pendant la minorité de Louis XIV, Versailles est abandonné par la cour ; c'est seulement en 1651 que le roi vient y chasser, le 18 avril, avec son gouverneur, le maréchal de Villeroi. Il y retourne, plusieurs fois par an, jusqu'en 1662, en compagnie de Monsieur et des grands personnages de la cour. A partir de 1662, les visites deviennent plus fréquentes ; le roi chasse toujours, mais il donne aussi des fêtes, des bals, des collations à la nouvelle reine, Marie-Thérèse, à la cour, et Versailles devient la résidence préférée de Louis XIV.

En 1663, au mois d'octobre, le roi, la reine, le dauphin et la cour se rendent de Vincennes à Versailles, où la troupe de Molière joue : l'*Impromptu de Versailles*, composé, appris et répété en huit jours, le *Prince jaloux ou Don Garcie*, *Sertorius*, l'*École des maris*, les *Fâcheux* et le *Dépit amoureux*.

En 1664, du 5 au 14 mai, la cour réside à Versailles et assiste à la fête dont la Vallière fut la véritable reine. Le duc de Saint-Aignan, Benserade et le président de Périgny réglèrent tous les détails de cette représentation en trois journées, dont le roi, les princes, les ducs, les courtisans qui portaient les noms les plus illustres, furent les acteurs. Lulli composa la musique ; Molière et sa troupe amusèrent la cour, et le machiniste Vigarani inventa les décors, les illuminations et les feux d'artifice les plus féeriques. L'Arioste avait fourni le sujet : le séjour de Roger dans l'île et le palais d'Alcine. Roger, c'était Louis XIV.

Le premier jour, 7 mai, il y eut une course de bagues, à l'entrée de l'Allée-Royale, dans un cirque de verdure.

Le roi, ou plutôt Roger, se présente escorté des paladins, dont les vêtements, brodés d'or et d'argent, sont constellés de pierreries et de diamants ; montés sur des chevaux superbement caparaçonnés, ils défilent au son des tambours et des timbales. Un char gigantesque les suit; le Temps est sur le siège, c'est Millet, le cocher du roi ; Apollon trône au plus haut,

Mlle DE LA VALLIÈRE

dominant les Siècles, tandis que les douze Heures et les douze signes du Zodiaque caracolent à l'entour.

Le marquis de la Vallière gagna la course et reçut des mains d'Anne d'Autriche une épée d'or couverte de diamants.

A la nuit, tout s'illumine; Lulli arrive à la tête de ses musiciens, et les Saisons, mêlées aux Signes du Zodiaque, dansent jusqu'à l'heure de la collation.

Le lendemain, 8 mai, la troupe de Molière joue la *Princesse d'Elide.*

Le 9, le palais d'Alcine, qui se dresse au centre du bassin d'Apollon, s'embrase au milieu des splendeurs d'un feu d'artifice.

Jusqu'au 13 mai, les représentations de la troupe de Molière alternent avec les courses de têtes et les loteries. Le roi gagne les courses du 10 et du 13; on donne les *Fâcheux,* le *Mariage forcé* et, le 12 mai, les trois premiers actes de *Tartuffe,* représentés pour la première fois. Tout se termine par une loterie vraiment royale dont les lots étaient des pierreries, des meubles, de l'argenterie, « avec autant de billets heureux que de dames, afin qu'elles ne s'en retournassent point sans emporter quelque faveur du roi ».

Le 13 juin 1665, la cour assiste à la représentation d'une comédie de Mme de Villedieu, *le Favori.* « Molière, d'après Lagrange, fit un prologue en marquis ridicule qui voulait être sur le théâtre, malgré les gardes; il eut une contestation risible avec une actrice, qui fit la marquise ridicule, placée au milieu de l'assemblée. » Le théâtre, de cent vingt pieds de large, était dressé dans « l'allée du milieu, raconte la *Gazette,* avec deux autres, dont la décoration représentait un vaste jardin d'espaliers, dans le fond duquel paraissait, à travers un grand portique d'architecture, une allée de charmes, qui s'enfonçait à perte de vue dans l'épaisseur d'un bois. Le long de ces espaliers, il y avait trois rangs de vases de porcelaine remplis de fleurs, et les côtés étaient bordés de deux corps de logis, dont l'architecture produisait un merveilleux effet. Le devant du théâtre était bordé d'un double rang de semblables vases, ainsi que la face ; et quantité de girandoles de cristal brillaient parmi les porcelaines, la verdure et les fleurs. Le tout éclairé de cent lustres de cristal, avec plus de quatre mille autres lumières.

« Il y eut, au même lieu, grand bal. Puis Leurs Majestés entrèrent dans un labyrinthe de plusieurs allées, au milieu desquelles étaient dressées quatre grandes tables qui furent tenues par le roi, la reine, Monsieur et Madame. Cette place était éclairée d'un nombre infini de lustres, de même que les allées ; et la profusion des viandes les plus exquises fut partout égale. On admira cette profusion de viandes servies en pyramides, entremêlées de grand nombre de corbeilles remplies d'oranges et de citrons, d'où sortirent plusieurs flambeaux. Au reste, afin qu'il n'y manquât rien, les violons avec les hautbois et autres instruments, divertirent agréablement la compagnie pendant ce délicieux régal, qui se prolongea jusque sur les trois heures du matin. »

En 1667, le 20 février, la cour passe à Versailles les

dernières journées du carnaval et y reste jusqu'au 27. Dans la soirée du 20, le vestibule du château fut transformé en salle de bal, et le roi y parut « en habit moitié à la persienne et moitié à la chinoise, chargé de pierreries. » Le 21, à quatre heures du soir, il y eut des courses devant l'Orangerie. « La reine, dit la *Gazette*, s'y rendit aussi richement que galamment déguisée, avec un habit éclatant de pierreries et de broderies, accompagnée de Mlle de Montpensier, non moins magnifiquement habillée à la turque, et des autres princesses et dames. On aperçut une nombreuse troupe de cavaliers; le duc de Saint-Aignan était à la tête, précédant les principales beautés de la cour, toutes admirablement équipées, conduites par Madame, avec une veste des plus superbes et sur un cheval blanc houssé de brocart, semé de perles et de pierreries, ainsi que son habit. Le roi marchait après, ne se faisant pas moins connaître à cette haute mine qui lui est particulière, qu'à son riche vêtement à la hongroise, couvert d'or et de pierreries, avec un casque de même, ondoyé de plumes, et à la fierté de son cheval, qui semblait plus superbe de porter un si grand monarque que de la magnificence de son caparaçon et de sa housse pareillement couverte de pierreries. Monsieur joignait Sa Majesté, richement vêtu à la turque et monté sur un cheval blanc, caparaçonné et houssé, avec quantité de perles. Le duc d'Enghien était à côté de Son Altesse Royale, superbement habillé en Indien et monté à l'avantage, ainsi que les autres seigneurs qui suivaient en dix quadrilles. »

Au commencement de novembre, la cour célébra la

Mme DE MONTESPAN

Saint-Hubert et chassa pendant six jours ; du 6 au 9, Molière vint avec sa troupe, et il y eut presque chaque soir bal et souper.

En 1668, le roi et la cour séjournent à Versailles

du 21 au 30 avril, et la troupe de Molière donne des représentations.

Il y eut de grandes fêtes pour célébrer la paix d'Aix-la-Chapelle, mais la Vallière n'en fut plus la reine. Son règne était fini; Mme de Montespan l'avait détrônée. S'il faut en croire Madame, mère du régent, la nouvelle favorite n'épargnait aucune humiliation à sa rivale délaissée, « la traitait fort mal, et obligeait le roi à en agir de même. Il fallait traverser la chambre de la Vallière pour se rendre chez la Montespan. Le roi avait un petit épagneul appelé *Malice*. A l'instigation de la Montespan, il prenait le petit chien et le jetait à la duchesse de la Vallière en disant: « Tenez, « Madame, voilà votre compagnie; c'est assez. » Cela était d'autant plus dur qu'au lieu de rester chez elle, il ne faisait que passer pour aller chez la Montespan; cependant, elle a tout souffert en patience. »

Le duc de Créqui, le maréchal de Bellefonds et Colbert furent les organisateurs de ces fêtes auxquelles trois mille personnes furent invitées. On servit la collation dans le bosquet de l'Étoile, « où les sièges de gazon étaient remplacés par des couches de melons dont la quantité et la grosseur étaient surprenantes »; les cinq allées qui aboutissent à ce bosquet étaient ornées, « de chaque côté, de vingt-six arcades de cyprès; sous chaque arcade il y avait de grands vases renfermant des arbres chargés de leurs fruits[1] ».

1. Félibien. *Relation de la fête du* 18 *juillet* 1668.

On se rendit ensuite au théâtre dressé sur l'emplacement actuel du bassin de Saturne ; on y donna les *Fêtes de l'Amour et de Bacchus*, opéra de Lulli, et *George Dandin*, alors dans sa nouveauté.

Le souper fut servi dans un salon de verdure. « Il y avait, dit la *Gazette*, outre trois grands buffets (couverts de girandoles, de vases, de cassolettes, de bassins en argent) et plusieurs autres ornements, un rocher au milieu qui représentait le Parnasse avec Apollon et les Muses, le tout d'argent ; et Leurs Majestés soupèrent à l'entour de cette admirable machine, avec d'autant plus de plaisir que les lumières la rendaient des plus brillantes, et qu'une infinité de cascades y formaient un très agréable murmure. »

Ce salon de verdure est aujourd'hui remplacé par le bassin de Flore ; la salle de bal se dressait sur l'emplacement actuel du bassin de Cérès. On y dansa jusqu'à deux heures du matin. Les invités se répandirent ensuite à travers le parc, éclairé comme en plein jour par des feux de couleur, des fusées, des feux grégeois. Sur la façade du palais, quarante-cinq figures resplendissaient ; soixante-douze termes s'échelonnaient le long de l'allée Royale et il en partait des milliers de fusées, tandis que des feux grégeois incendiaient le bassin de Latone. On tira deux feux d'artifice, et lorsque la dernière fusée s'éteignit, « on s'aperçut que le jour, jaloux des avantages d'une si belle nuit, commençait à poindre ».

Pendant les années 1669, 1670, 1671, 1672 et 1673, les séjours à Versailles deviennent de plus en plus longs. Le duc de Toscane, le duc de Buckingham, viennent à la cour ; Louis XIV les promène dans le parc, leur donne des concerts, et ces fêtes se terminent d'ordinaire par des illuminations et des feux d'artifice. A partir de 1672, le roi reçoit les ambassadeurs à Versailles. En 1673, après le siège de Maëstricht, Louis XIV est félicité par les compagnies souveraines, le grand Conseil, l'Université, l'Académie française ; des évêques viennent prêter serment de fidélité, et le roi signe le traité d'alliance entre la France et la Porte. En un mot, Versailles a le caractère de résidence à l'égal de Saint-Germain.

En 1674, après la réduction de la Franche-Comté, Louis XIV ordonne, dès son arrivée à Versailles, le 30 juin, « que l'on prépare des fêtes et des réjouissances et qu'il y ait de temps en temps quelques divertissements nouveaux ». Les fêtes commencèrent, le 4 juillet, par une collation servie dans le bosquet du Marais, qui fut suivie d'une représentation d'*Alceste*, opéra de Lulli, donnée dans la cour de Marbre, décorée de guirlandes, d'orangers, de girandoles d'argent, de vases de fleurs. Le 11 juillet, on chanta l'*Églogue de Versailles*, paroles de Quinault et musique de Lulli, dans un salon de verdure, à Trianon. Le 19, après une collation à la Ménagerie, la cour se promena sur le grand canal, et l'on joua, sur un théâtre dressé devant la grotte de Thétis, le *Malade imaginaire*. Le 28, il y eut collation au Théâtre d'eau, représentation de l'Académie royale de musique, promenade en calèches dans le parc, feu d'artifice sur le canal, et souper dans la cour de Marbre, éclairée par une colonne de feu. Le 18, M. de Gourville présente au roi les cent sept drapeaux pris sur l'ennemi à la bataille de Senef. Le soir, représentation d'*Iphigénie* ; puis, illumination du bassin d'Apollon : « hormis la face de devant, le reste était

LE CHAR EMBOURBÉ

environné d'une balustrade de six pieds de haut, ornée de fleurs de lis et des chiffres du roi, le tout d'un artifice si rare, qu'il paraissait fait d'or transparent et lumineux. » Le 31 août, le roi étant sorti du château à une heure de la nuit, « mais de la nuit la plus noire et la plus tranquille, l'on vit, dans cette grande obscurité, tous les parterres tracés de lumières. La grande terrasse qui est devant le château était bordée d'un double rang de feux espacés à deux pieds l'un de l'autre. Les rampes et les degrés du Fer à cheval et généralement toutes les fontaines qui sont dans le parc étaient environnés de pareilles lumières, qui, réfléchies dans les bassins, y faisaient encore autant d'autres clartés. Au milieu de ces bassins et de ces lumières, l'on voyait s'élever mille jets d'eau qui paraissaient comme des flammes d'argent poussées avec violence, et dont il sortait mille étincelles.

« Ces lumières, dont la terre était couverte, marquaient de nouveaux parterres, et formaient des figures de feu au lieu de fleurs et de verdures. Au bout de la grande Allée royale, le bassin d'Apollon était éclairé de la même sorte; et au delà, on voyait le grand Canal, qui de loin paraissait comme une glace de cristal d'une vaste étendue [1]. »

Le 16 mai 1682, Versailles devient le siège du gouvernement et la résidence habituelle du roi. La même année, Louis XIV donne à Mme de Maintenon son appartement au château. La période des fêtes galantes est définitivement close, Versailles va devenir plus solennel et perdra en plaisirs ce qu'il gagnera en majesté.

Dans ce palais magnifique où toutes les merveilles sont réunies, où la noblesse n'est occupée qu'à faire sa cour, c'est moins Louis XIV que l'ennui qui règne. Tout est réglé, tout est monotone, tout est de glace; les rigueurs de l'étiquette tiennent chacun en bride, et « il fait si froid, écrit la Palatine, qu'à la table du roi, le vin ainsi que l'eau gèlent dans les verres ». Pendant trente-trois longues années, on fait chaque jour

[1]. Félibien.

les mêmes choses aux mêmes heures, et il faut que chacun se montre assidu et attentif à bien faire sa cour. « Le roi sentait, dit Saint-Simon, qu'il n'avait pas, à beaucoup près, assez de grâces à répandre pour faire un effet continuel ; il en substitua donc aux véritables d'idéales, par la jalousie, les préférences qui se trouvaient tous les jours et pour ainsi dire à tous moments, par son art. Le juste-au-corps à brevet fut une de ces inventions. Il était bleu, doublé de rouge avec les parements et la veste rouge, brodés d'un dessin magnifique or et un peu d'argent, particulier à ces habits. Il n'y en avait qu'un nombre, dont le roi, sa famille et les princes du sang étaient ; mais ceux-ci, comme le reste des courtisans, n'en avaient qu'à mesure qu'il en vaquait. Les plus distingués de la cour les demandaient au roi, et c'était une grâce que d'en obtenir. Les différentes adresses de cette nature qui se succédèrent les unes aux autres, à mesure que le roi avança en âge, et que les fêtes changeaient ou diminuaient, et les attentions qu'il marquait pour avoir toujours une cour nombreuse, on ne finirait point à les expliquer... Il ne pouvait souffrir les gens qui se plaisaient à Paris. »

Nous allons assister, avec Saint-Simon, aux détails de la vie officielle de Versailles, si rigoureusement réglée par l'étiquette.

Chaque matin, à huit heures, le premier valet de chambre éveille le roi. Le premier médecin, le premier chirurgien « et sa nourrice, tant qu'elle a vécu, entrent en même temps. Elle allait le baiser, les autres le frottaient et souvent lui changeaient de chemise, parce qu'il était sujet à suer. » Le grand chambellan arrive ensuite, ouvre le rideau et présente l'eau bénite. Le roi se lève, se chausse, « car il faisait presque tout lui même avec adresse et grâce », et, pendant qu'il s'habille, coiffé d'une petite perruque courte, et qu'il fait sa barbe, tout le monde entre. Après une courte prière, il passe dans son cabinet, il y donne ses ordres et l'on sait, à cinq minutes près, tout ce que le roi doit faire dans sa journée.

La cour attend dans la galerie, pendant que le roi donne ses audiences secrètes, et lorsqu'il se rend à la chapelle ou en revient, lui parle qui veut. Après la messe, le conseil. Les dimanches, lundis, mercredis et jeudis, il y a conseil royal; les mardis et samedis, conseil de finances. Louis XIV, à moins de motifs très graves, assiste chaque jour à ces conseils, et lorsqu'il y manque, Dangeau note cette absence comme un événement : « Le 23 septembre 1694, le roi ne tint pas conseil, chose fort rare, car il les tient fort régulièrement. » Louis XIV dictait d'ordinaire ses lettres à M. Rose, celui de ses quatre secrétaires qui avait la plume : « Avoir la plume, c'est être faussaire public, dit Saint-Simon; cet exercice consiste à imiter si exactement l'écriture du roi, qu'elle ne se puisse distinguer de celle que la plume contrefait, et d'écrire en cette sorte toutes les lettres que le roi doit ou veut écrire de sa main, et toutefois n'en pas prendre la peine. » Après le conseil, la matinée est finie.

« Le dîner était toujours au petit couvert, c'est-à-dire seul dans sa chambre, sur une table carrée, vis-à-vis de la fenêtre du milieu. La table entrée, les courtisans entraient, puis tout ce qui était connu. J'ai vu, mais fort rarement, ajoute Saint-Simon, Monseigneur et Messeigneurs ses fils au petit couvert, debout, sans que jamais le roi leur ait proposé un siège... Monsieur donnait la serviette et demeurait debout. Un peu après, le roi, voyant qu'il ne s'en allait point, lui demandait s'il ne voulait point s'asseoir ; il faisait la révérence, et le roi ordonnait qu'on lui apportât un siège. On mettait un tabouret derrière lui. Quelques moments après, le roi lui disait : « Mon frère, asseyez-vous donc. » Il faisait la révérence et s'asseyait jusqu'à la fin du dîner, qu'il présentait la serviette. Le roi, d'ordinaire, parlait peu à son dîner... De grand couvert à dîner, cela était extrêmement rare. »

Au sortir de table, Louis XIV rentre dans son cabinet, où l'on est rarement admis à l'honneur de le suivre. Après avoir accordé quelques audiences, donné à manger à ses chiens couchants, il descend dans la cour de Marbre, monte en carrosse, et, comme il a besoin de prendre l'air pour éviter les maux de tête, qu'il ne craint ni le froid, ni le chaud, ni la pluie, il sort chaque jour soit pour courre le cerf, soit pour tirer dans ses parcs, soit pour aller à la promenade avec les dames et faire collation.

La chasse est le plaisir favori de Louis XIV, et « homme en France ne tirait si juste, si adroitement, ni de si bonne grâce ». Bien qu'il fût encore admirable à cheval, il suivait les chasses à courre en calèche, depuis qu'il s'était cassé le bras à Fontainebleau. « Il était seul, menait lui-même à toute bride, avec une justesse et une adresse que n'avaient pas les meilleurs cochers. »

A son retour, il change d'habits, donne des ordres et écrit.

A dix heures, le souper est servi, toujours au grand couvert, avec la maison royale, c'est-à-dire les fils et les filles de France, les petits-fils et petites-filles de France. Un grand nombre de courtisans et de dames, assises ou debout, assistent au souper.

Lorsque l'huissier de salle a reçu l'ordre pour le couvert du roi, il va dans la salle des gardes du corps, frappe de sa baguette sur la porte et dit tout haut : « Messieurs, au couvert du Roi ; » puis, avec un garde, il se rend au Gobelet. Le chef du Gobelet apporte la nef, et les autres officiers, le reste du couvert. « Étant tous arrivés à la table du prêt (ou essai), l'huissier de salle étale seul une nappe sur le buffet ; puis le chef du Gobelet et l'huissier de salle étalent sur la table du prêt la nappe, dont cet huissier de salle reçoit un des bouts, que l'officier du Gobelet, qui retient l'autre bout, lui jette adroitement entre les bras. Après, les officiers du Gobelet posent la nef et préparent tout le reste du couvert. Puis, le gentilhomme servant coupe les essais de pain, fait faire l'essai au chef du Gobelet du pain du roi et du sel, touche aussi d'un essai les serviettes, la cuillère, la fourchette, le couteau et les cure-dents du roi, et donne cet essai à manger à l'officier du Gobelet. Et le gentilhomme servant ayant ainsi pris possession de la table du prêt, continue de la garder[1]. Ceci fait, les officiers du Gobelet vont à la table du roi et mettent le couvert. La viande est portée par les officiers de la Bouche entourés d'une escorte ; on touche les viandes de deux essais de pain qui sont mangés par l'écuyer-bouche et le maître d'hôtel. Les officiers de la Bouche et du Gobelet continuent à faire l'essai de tout ce qu'ils apportent à chaque service. Lorsque le roi demande à boire, l'échanson crie : « A « boire pour le Roi », s'incline, prend des mains du chef d'Échansonnerie-Bouche la soucoupe d'or garnie du verre couvert et des deux carafes pleines d'eau et de vin, puis revient, précédé du chef et suivi de l'aide du Gobelet-Échansonnerie-Bouche, tous trois font la révérence devant le roi, le chef se range de côté et le gentilhomme servant verse un peu d'eau et de vin dans une petite tasse de vermeil doré que tient le chef du Gobelet. » Celui-ci « reverse la moitié de ce qui lui a été versé dans une autre tasse de vermeil qui lui est pré-

1. *L'État de la France* de 1712.

sentée par son aide, il fait l'essai, le gentilhomme servant le fait après, et le roi se sert lui-même le vin et l'eau. Puis, ayant bu et remis le verre sur la soucoupe, le gentilhomme servant reprend la soucoupe avec ce qui est dessus, recouvre le verre, fait encore la révérence, et rend le tout au chef d'Echansonnerie-Bouche, qui le rapporte au buffet. » La princesse Palatine nous a laissé, en quelques lignes, une physionomie de ces soupers : « Nous sommes cinq ou six à table ; chacun s'observe comme dans un couvent, sans proférer une parole ; tout au plus un couple de mots dit tout bas à son voisin. »

Le souper terminé, le roi se tient quelques moments debout, le dos au balustre de son lit, environné de toute la cour ; puis, ayant salué les dames, il passe dans son cabinet où, en arrivant, il donne ses ordres. Après s'être entretenu avec « ses enfants légitimes et bâtards, ses petits-enfants légitimes et bâtards, et leurs maris ou leurs femmes », Louis XIV rentre dans sa chambre et trouve à la porte le maître de la Garde-robe, auquel il remet son chapeau, ses gants et sa canne, détache son ceinturon et quitte son épée. Il dit ses prières, donne le bougeoir, dégage son cordon bleu, et se laisse déshabiller. « Deux valets tiennent la robe de chambre à la hauteur des épaules du roi, qui dévêt sa chemise pour prendre sa chemise de nuit. C'est toujours le plus grand prince ou officier qui donne la chemise au roi, qui met sur lui des reliques. Le roi, debout, fait une révérence pour donner le bonsoir aux courtisans. Les huissiers de la chambre crient tout haut : « Allons, « Messieurs, passez. » Toute la cour se retire, et c'est là où finit ce qu'on appelle le grand coucher du roi. »

La cour étant sortie, les barbiers peignent le roi et lui arrangent les cheveux. On lui présente ensuite un bonnet et deux mouchoirs de nuit, un prince du sang lui « donne la serviette dont il s'essuie les mains et le visage ; elle est entre deux assiettes de vermeil et mouillée seulement par un bout ». L'huissier fait sortir tous ceux qui étaient présents au petit coucher, les valets de chambre bassinent le lit et préparent la collation de nuit, consistant en trois pains, deux bouteilles de vin, un flacon plein d'eau, un verre, une tasse, sept ou huit serviettes et trois assiettes. Après que le roi a bu, s'est lavé les mains, le premier valet de chambre tire les rideaux du lit, ferme les portes au verrou, éteint le bougeoir, et se couche aux pieds du roi sur le « lit de veille ».

La monotonie de cette existence, si bien réglée par l'étiquette, n'est guère interrompue que par les fêtes, le jeu ou des exercices de piété.

Le jour des Rois, par exemple, est longtemps célébré avec pompe et une certaine gaieté. Quatre tables de dix-huit couverts chacune sont dressées dans l'Œil-de-bœuf : « La première était tenue par le roi, la seconde par Monseigneur, la troisième par Mgr le duc de Bourgogne et la quatrième par Mgr le duc de Berry. Pendant que les reines burent, on suivit l'usage ancien et général, et les cris de *La reine boit!* se firent entendre ; et comme il arrivait quelquefois que deux ou trois reines buvaient dans le même temps, le bruit que faisaient ces cris était plus ou moins grand, mais toujours fort agréable, parce que les voix des dames l'emportaient sur celles des hommes, qui étaient à ces tables ; et ce qui augmentait encore le bruit du concert formé par tant de voix différentes est que, quoique ceux qui servaient n'y mêlassent point leurs voix, les uns frappaient dans les mains, et les autres trouvaient moyen de frapper harmonieusement sur quelque pièce d'argenterie, de manière que tous ces bruits ensemble et formés sur différents tons avaient quelque chose de divertissant et convenaient fort à la cérémonie du jour. »

Le Jeudi-Saint a lieu la cérémonie de la Cène. Dès la veille, les médecins, chirurgiens et barbiers du roi « se rendent en un lieu où est assemblé un grand nombre de pauvres jeunes enfants, parmi lesquels on choisit treize petits, les plus agréables, les visitent pour voir s'ils sont nets. » On leur rase les cheveux, on les lave, on les parfume ; puis, « ils sont habillés d'une petite robe de drap rouge, ayant un chaperon à hache, attaché derrière le dos, avec deux aunes de toile qui leur pendent depuis le col jusques en bas, où sont enveloppés leurs pieds », et conduits dans la grande salle des Gardes. « Le roi s'avance vers les enfants, et, prosterné à deux genoux, commence à laver le pied droit au premier, et le baise, et ainsi continue aux autres. Le grand aumônier de France tient le bassin d'argent doré, et l'un des grands aumôniers, le pied de l'enfant... Ensuite, ils sont servis par le roi, chacun de treize plats de bois pleins de légumes, de poissons, et d'une petite cruche de vin, sur laquelle on met trois pains ou échaudés, et puis le roi passe au col à chacun d'eux une bourse de cuir rouge, dans laquelle il y a treize écus [1]. »

L'hiver, depuis les premiers jours d'octobre jusqu'à Pâques fleuries, il y a appartement. « Ce qu'on appelle appartement, dit Saint-Simon, était le concours de toute la cour depuis sept heures du soir jusqu'à dix, que le roi se mettait à table, dans le grand appartement, depuis un des salons du bout de la grande Galerie (salon de la Guerre) jusque vers la tribune de la chapelle. » Le *Mercure* nous apprend que « le roi permet l'entrée de son grand appartement le lundi, le mercredi et le jeudi de chaque semaine, pour y jouer à toutes sortes de jeux. Les uns choisissent un jeu et les autres un autre. D'autres ne veulent que regarder jouer, d'autres que se promener. La liberté de parler est entière ; cependant le respect fait que personne ne hausse trop la voix. Le roi et toute la maison royale descendent de leur grandeur pour jouer avec plusieurs de l'assemblée. Le roi va tantôt à un jeu et tantôt à un autre ; il ne veut ni qu'on se lève ni qu'on interrompe

[1]. Du Peyrat, *Histoire ecclésiastique de la cour.*

le jeu quand il approche. On entend ensuite la symphonie ou l'on voit danser. On passe à la chambre des liqueurs ou à celle de la collation.

« Les buffets destinés aux rafraîchissements sont établis dans le salon de l'Abondance. Trois grands buffets sont aux trois côtés de ce salon. Celui du milieu, au-dessous duquel on voit une grande coquille d'argent, est pour les boissons chaudes comme café, chocolat, etc. Les deux autres buffets sont pour les liqueurs, les sorbets et les eaux de plusieurs sortes de fruits. On donne de très excellent vin à ceux qui en souhaitent, et chacun s'empresse à servir ceux qui entrent dans ce lieu ; ce qui se fait avec beaucoup d'ordre et de propreté. La collation est servie dans le salon de Vénus ; elle est dressée sur plusieurs tables couvertes de flambeaux d'argent et de corbeilles de filigrane. Les fruits crus, les citrons, les oranges, les pâtes et les confitures sèches de toutes sortes, accompagnées de fleurs, les remplissent en pyramides. Comme toute cette collation n'est servie que pour être entièrement dissipée[1], elle demeure exposée pendant les quatre heures que durent les divertissements, et chacun choisit, en prend soi-même ce qui est le plus à son goût. Ceux qui servent ont des juste-au-corps bleus avec des galons or et argent. Ils sont derrière toutes les tables des joueurs et ont soin de donner des cartes, jetons et même épargnent aux

---

1. Plus exactement pillée ; prenait qui voulait, et chacun emportait ce qu'il avait pu prendre.

joueurs la peine de compter, calculent les points qu'on fait et les écrivent. »

Le *Mercure* se félicite de ce que « la présence du roi fait perdre aux joueurs l'habitude de jurer, et aux pipeurs celle de se servir d'injustes moyens pour gagner ». Quoi qu'il en soit, les pertes sont énormes ; Dangeau en signale qui vont jusqu'à 10,000 pistoles (500,000 francs de notre argent); quatre officiers se sont tués de désespoir, écrit la Palatine; un joueur a volé le roi lui-même, raconte un mémoire du temps. « Aussitôt qu'on est réuni, on ne peut que jouer; on hasarde des sommes effrayantes, et les joueurs sont comme des insensés : l'un hurle, l'autre frappe si fort sur la table du poing, que toute la salle en retentit ; le troisième blasphème d'une façon qui fait dresser les cheveux sur la tête; tous paraissent hors d'eux-mêmes et sont effroyables à voir [1]. »

Les concerts des appartements sont dirigés par Lulli; il en abuse pour ne jouer que sa musique, et l'on finit par se fatiguer d'entendre toujours les mêmes morceaux.

Dès la fin de 1691, le roi ne va plus à l'appartement, et, en 1693, on fait l'économie du chocolat et des liqueurs. Louis XIV passe toutes ses soirées chez Mme de Maintenon, et Monseigneur se réfugie à Meudon.

Le roi soupe chez Mme de Maintenon, y travaille avec ses ministres et y tient même des conseils de guerre.

1. Lettre de la Palatine.

Il y assiste aux représentations d'*Esther* et d'*Athalie* données par les demoiselles de Saint-Cyr. A partir de 1699, on joue *Jonathas*, « une comédie de dévotion », *Absalon*, les *Précieuses ridicules*, la *Ceinture magique*. Les acteurs sont la duchesse de Bourgogne, le duc d'Orléans, le comte et la comtesse d'Ayen, Mlle de Melun, le comte de Noailles, « en habits de comédiens fort magnifiques ». Enfin, le roi, mécontent des acteurs de la Comédie-Française, qui ont perdu la tradition, apprend à ses musiciens à jouer Molière; il leur prodigue les conseils, et réussit à former une excellente troupe.

Il est temps que la jeune duchesse de Bourgogne vienne rendre un peu de gaieté à la cour et au vieux roi lui-même. Louis XIV, dont elle est la favorite, « lui laisse faire tout ce qu'elle veut, quoi que ce puisse être. Tantôt elle monte à âne, tantôt elle va se promener en char; elle court toute la nuit dans le jardin; bref, elle fait tout ce qui lui passe par la tête ». On prétend même qu'elle boit trop et hasarde au lansquenet des sommes folles. Elle se fait donner, par le roi, la Ménagerie; c'est là qu'elle fuit l'étiquette et vit librement avec ses favorites, comme vivra plus tard Marie-Antoinette au Petit-Trianon. Elle joue la comédie et aime la toilette, comme Marie-Antoinette la jouera et l'aimera plus tard; mais, en public, « elle est sérieuse, mesurée, nous dit Saint-Simon, respectueuse envers le roi, et en timide bienséance avec Mme de

Maintenon, qu'elle n'appelait jamais que *ma tante*, pour confondre joliment le rang et l'amitié. En particulier, causante, sautante, voltigeante autour d'eux,

Mᵐᵉ DE MAINTENON

tantôt perchée sur le bras d'un fauteuil de l'un ou de l'autre, tantôt se jouant sur leurs genoux, elle leur sautait au cou, les embrassait, les baisait, les caressait, les chiffonnait, leur tirait le dessous du menton, les tourmentait, fouillant leurs tables, leurs papiers, leurs lettres, les décachetait, les lisait [1]. Le roi ne pouvait se passer d'elle. » Mais, s'il faut en croire le même Saint-Simon, il entrait dans cet amour de Louis XIV pour la duchesse de Bourgogne beaucoup d'égoïsme, un égoïsme si grand qu'il rendit, un certain jour, ce prince, qui n'était point méchant, presque cruel. La jeune dauphine avait accompagné à Marly, bien qu'elle fût enceinte, le roi, qui ne pouvait, comme l'a dit Saint-Simon, « se passer d'elle », parce qu'elle l'amusait ; elle dut faire ce voyage au risque d'un accident, et l'accident se produisit. On vint en informer Louis XIV, pendant sa promenade, et il dit aux courtisans : « La duchesse de Bourgogne est blessée. » Comme chacun se lamentait, en exprimant la crainte que ses futures couches ne fussent compromises : « Eh ! quand cela serait ? interrompit le roi tout d'un coup avec colère, qui jusque-là n'avait dit mot ; qu'est-ce que cela me ferait ? Est-ce qu'elle n'a pas déjà un fils ? Et quand il mourrait, est-ce que le duc de Berry n'est pas en âge de se marier et d'en avoir ? et que m'importe qui me succède des uns ou des autres ? Ne sont-ce pas également mes petits-fils ? » Et tout de suite, avec impétuosité : « Dieu merci ! Elle est blessée, puisqu'elle

---

1. Selon Duclos, la duchesse de Bourgogne instruisait son père, le duc de Savoie, redevenu l'ennemi de la France, de tous les projets militaires qu'elle trouvait moyen de lire. Louis XIV eut la preuve de cette perfidie par les lettres qu'il trouva dans la cassette de la dauphine après sa mort, et il dit à Mme de Maintenon : « La petite coquine nous trompait. »

avait à l'être, et je ne serai plus contrarié dans mes voyages et dans tout ce que j'ai envie de faire par les représentations des médecins et les raisonnements des matrones. J'irai et reviendrai à ma fantaisie, et on me laissera en repos. » Un silence à entendre une fourmi marcher succéda à cette espèce de sortie. On baissait les yeux; à peine osait-on respirer. Chacun demeura stupéfait; jusqu'aux gens des bâtiments et aux jardiniers demeurèrent immobiles. Ce silence dura plus d'un quart d'heure. »

En 1710, le roi décide que l'appartement se tiendra chez la duchesse; mais bientôt on ne dit plus : « Il y a appartement; » on dit : « Il y a jeu. » Elle s'efforce néanmoins, aidée par Louis XIV, de faire revivre la politesse dans cette cour où, selon la Palatine, les jeunes femmes qui prennent du tabac avec excès ont le nez sale « comme si elles l'avaient, sauf votre respect, traîné dans la boue », et s'enivrent; dans ce Versailles où, excepté le roi et Monsieur, personne ne sait plus ce que c'est que la politesse.

Avec la duchesse de Bourgogne s'éteignent les derniers éclats de la vieille royauté. La duchesse de Berry tient l'appartement; mais on sait trop que ses mœurs, sa grossièreté même, sa passion pour le vin, ses excès de table la rendaient peu propre à maintenir ce ton et cette tenue que la dauphine avait pu un instant imposer. Les joueurs seuls vont chez elle, et il n'y a plus de cour. Aussi, lorsque Louis XIV meurt, les courtisans poussent un cri de délivrance, courent à Paris en toute hâte, et Versailles devient une solitude.

Il nous faut maintenant revenir en arrière pour assister aux événements, aux fêtes, aux réceptions et, en un mot, à tous les faits de quelque importance dont le palais et le parc de Versailles ont été le théâtre depuis 1682 jusqu'à la fin du règne.

Le 6 août 1682, après deux jours et deux nuits de souffrance, la dauphine de Bavière met au monde le duc de Bourgogne. A ces mots, prononcés par le roi : « C'est un prince ! », ceux qui sont dans la chambre de la dauphine ou dans les pièces voisines s'embrassent, pleurent de joie, accablent Louis XIV de leurs transports et, se répandant au dehors, s'en vont colporter la bonne nouvelle. Partout des feux s'allument; on y jette tout ce qui tombe sous la main, des bancs, des tables et jusqu'à des meubles. Un domestique de M. Bontemps, un des premiers valets de chambre du roi, se déshabille et lance tous ses habits dans un brasier. Ceux qui sont couchés se lèvent, on danse autour des feux de joie et des fontaines de vin qui coulent aux deux côtés de la première grille du château. « Ces réjouissances, dit le *Mercure*, ont duré plusieurs jours et ont toujours augmenté. Il y a eu des illuminations de toutes sortes de manières, et l'on n'a point épargné l'artifice... et tous les feux de Versailles donnant un nouvel éclat à l'or dont le château est couvert, il ne s'est peut-être jamais rien vu de si brillant. »

Le 30 juillet 1683, la reine meurt; le lendemain, après l'embaumement, son corps est déposé dans le

MARIE-THÉRÈSE

grand cabinet, tendu de noir avec trois bandes de velours et de nombreux écussons aux armes de Marie-Thérèse. Le cercueil de plomb, couvert du drap mortuaire de la couronne, d'or frisé et bordé d'hermines, avec une couronne d'or voilée d'un crêpe, est exposé sur une estrade dont le dais de velours noir à grandes crépines d'argent est garni d'écussons aux armes de la reine. Le cœur, enfermé dans une boîte d'argent, est déposé sur un autel. La chambre, l'antichambre, la salle, les portes et l'escalier sont également tendus de velours noir. Quatre évêques viennent tous les jours assister aux prières dites par les aumôniers. Deux hérauts d'armes en robes de deuil, avec leurs cottes et leurs caducées, se tiennent au pied de l'estrade et présentent l'aspersoir. Le 2 août, le cardinal de Bouillon, grand aumônier de France, porte le cœur de Marie-Thérèse au Val-de-Grâce, et, le 10, le corps est conduit à Saint-Denis.

Moins d'une année s'est écoulée depuis la mort de la reine, lorsque, dans la nuit du 12 juin 1684, Louis XIV épouse Mme de Maintenon. Voici ce que raconte à ce propos Languet de Gergy dans ses curieux *Mémoires* : « Mgr l'archevêque de Narbonne (de la Berchère, avec qui j'avais l'honneur d'être assez familier dans ma jeunesse, à cause de quelque alliance qu'avait ma famille avec la sienne) m'a dit bien des fois que le mariage avait été célébré par le père de la Chaise, confesseur du roi, en présence de M. de Harlay, archevêque de Paris[1], et de M. Bontemps, premier valet de chambre du roi[2], témoins, avec cette circonstance que

---

1. Qui donna la bénédiction.
2. Qui prépara l'autel et servit la messe.

le père de la Chaise avait une étole verte. Les mémoires qu'on m'a donnés ajoutent pour témoins M. de Louvois et M. de Montchevreuil. »

Le 15 mai 1685, le doge impérial de Gênes, Lescari, vient à Versailles présenter à Louis XIV les excuses de la République. On a apporté le trône dans le salon de la Paix. Le dauphin et Monsieur sont aux côtés du roi, environné de tous les princes du sang et de ses grands officiers. Une foule immense a envahi la grande Galerie, et c'est à peine si le doge, les trois sénateurs et les huit « gentilshommes camarades » qui l'accompagnent peuvent se frayer un chemin à travers cette brillante cohue. « Dès que le doge, ajoute le *Mercure*, eut aperçu le roi et remarqué qu'il en pouvait être reconnu, il se découvrit. Il avança encore quelques pas et fit ensuite, et les sénateurs en même temps, deux profondes révérences. Le roi se leva et répondit à ces révérences en levant un peu son chapeau; après quoi, le monarque leur fit signe d'approcher, comme en les appelant de la main. Le doge monta alors sur le premier degré du trône où il fit une troisième révérence, ainsi que les quatre sénateurs. Le roi et le doge se couvrirent ensuite. Tous les princes en firent de même, et les quatre sénateurs demeurèrent découverts. »

Après le discours du doge et la réponse de Louis XIV, l'audience est finie, et le cortège se retire avec force révérences. « Toute la cour et tout le peuple qui remplissait Versailles apprirent que le roi était très content du doge, et que le doge [1] était charmé de tout ce qu'il avait remarqué d'auguste et d'engageant dans Sa Majesté. On lui trouva un air civil et spirituel, une contenance qui n'avait rien d'embarrassé, de la grandeur sans abaissement, et de l'abaissement sans bassesse. »

L'année suivante, le 1er septembre, Louis XIV donne encore une audience solennelle dans la grande Galerie, non plus au doge de Gênes, cette fois, mais aux ambassadeurs de Siam. « L'ordre fut fort beau, dit Dangeau, les ambassadeurs parlèrent fort bien, l'abbé de Lyonne, le missionnaire, leur servit d'interprète. Ils demeurèrent au pied du trône jusqu'au moment qu'ils présentèrent au roi la lettre de leur maître; ils montèrent, pour la lui rendre, jusqu'à la dernière marche. Les Siamois témoignèrent un profond respect par toutes leurs mines, et s'en retournèrent jusqu'au bout de la galerie, toujours à reculons, ne voulant pas tourner le dos au roi. » Le marquis de Sourches nous apprend que Louis XIV « avait un habit à fond d'or, tout chamarré de diamants d'une grosseur prodigieuse ».

C'est encore dans la grande Galerie qu'ont lieu le 7 décembre 1697, les fêtes pour le mariage du duc de Bourgogne, âgé de quinze ans, avec la princesse de

---

1. Est-il utile de rappeler ici sa réponse à un courtisan qui lui demandait : « Que trouvez-vous de plus extraordinaire à Versailles? — C'est de m'y voir. »

Savoie, qui n'en avait que douze. Tout le monde sait, du reste, que deux ans s'écoulèrent encore avant que ce mariage devînt une union réelle. Bien que la grande Galerie ne présentât plus à l'admiration des spectateurs « cet ameublement magnifique et ces plusieurs millions d'argenterie » dont parle le *Mercure* dans le récit qu'il publia en 1685 de l'audience du doge, le luxe de la cour était encore vraiment royal.

« Ce jour-là (le 7 décembre), qui était un samedi, tous les princes, princesses et principales dames de la cour se rendirent entre onze heures et midi dans la chambre de Mme la princesse de Savoie... Le roi l'ayant fait avertir, elle sortit pour aller rejoindre Sa Majesté, qui l'attendait dans la galerie. Mgr le duc de Bourgogne lui donna la main droite. Le marquis de Dangeau, son chevalier d'honneur, soutenait sa robe derrière ce prince, et le comte de Tessé, son premier écuyer, en faisait autant de l'autre côté, lui donnant aussi de temps en temps la main pour la soulager, à cause de la pesanteur de ses habits. On n'a jamais poussé si loin la magnificence des habits. Le roi en avait un de drap d'or relevé sur les coutures d'une épaisse broderie d'or. Le grand dauphin était vêtu d'un brocart d'or, avec une broderie d'or sur les coutures. Celui du duc de Bourgogne était de velours noir en manteau. Il était brodé d'or en plein, et le manteau doublé d'une étoffe d'argent pareillement brodée d'or, mais d'une broderie délicate. Il était en pourpoint, en chausses ouvertes, en grosses jarretières et couvertes de dentelles, des ailes et des rubans sur les souliers, et un bouquet de plumes sur le chapeau. L'habit de Mme la princesse de Savoie (à qui le roi venait de donner toutes les pierreries de la couronne, représentant une valeur de 50 millions de francs) était d'un drap d'argent, avec une parure de rubis et de perles. L'habit de Monsieur, de velours noir avec d'épaisses boutonnières et broderies d'or et de gros boutons de diamants. Sa veste était d'or. L'habit de Mademoiselle (fille de Monsieur) était de velours vert, couvert d'une broderie d'or d'un goût exquis, avec une parure de diamants et de rubis. Grand nombre de seigneurs et de dames avaient des habits qui n'étaient guère inférieurs à ceux dont je viens de parler.

« La cour, dans cet éclat, passa le long de la Galerie, des appartements et du grand escalier, et entra dans la chapelle. La foule des spectateurs était très grande dans tout son passage. Le duc de Bourgogne et la princesse de Savoie se mirent d'abord à genoux sur des carreaux au bas des marches de l'autel. Le cardinal de Coislin fit la cérémonie des fiançailles, qui fut suivie de celle du mariage, et, dans l'une et dans l'autre cérémonie, le duc de Bourgogne se tourna vers le roi et vers le grand dauphin pour leur demander leur consentement, et la princesse de Savoie en fit autant..... On sortit de la chapelle dans le même ordre qu'on y était entré. »

Le soir, après le jeu, le feu d'artifice, le souper et la bénédiction du lit par le cardinal de Coislin. « Toute la cour passa par la chambre de la duchesse de Bourgogne, qui était extrêmement éclairée et dans laquelle, dès le jour précédent, l'on avait tendu un lit magnifique de velours vert en broderie d'or et d'argent. L'on y voyait aussi la toilette de cette princesse, qui fut admirée, tant pour les pièces d'orfèvrerie que pour la broderie et les points... Le duc de Bourgogne vint se déshabiller dans le cabinet, et l'on déshabilla dans le même temps la duchesse de Bourgogne, après avoir fait sortir de la chambre toutes les personnes qui n'y devaient pas rester. Le roi d'Angleterre (Jacques II) vint donner la chemise au duc de Bourgogne, et la reine la donna à la duchesse de Bourgogne, qui donna ses jarretières et son bouquet à Mademoiselle. Sitôt que la duchesse de Bourgogne fut au lit, le roi fit appeler le duc de Bourgogne, qui entra en robe de chambre, le bonnet à la main et les cheveux noués par derrière avec un ruban couleur de feu, et se mit au lit du côté droit. Les rideaux du pied étaient fermés; mais ceux des côtés demeurèrent à demi ouverts. Le roi fit entrer l'ambassadeur de Savoie et lui dit qu'il pouvait mander qu'il avait vus les mariés couchés ensemble. Un moment après, le duc de Bourgogne se releva, passa dans le grand cabinet où il se rhabilla, et s'en retourna coucher chez lui [1]. »

1. *Le Mercure.*

Les fêtes se prolongèrent pendant plusieurs jours. Le dimanche 8, il y eut un grand cercle chez la duchesse de Bourgogne; puis, jeu, concert et collation dans les appartements. Le lundi 9, sermon de Bourdaloue, où la duchesse de Bourgogne parut pour la première fois à son rang. Le mardi 10, réception chez le duc de Bourgogne. Les fêtes se terminèrent, le mercredi 11, par « le plus magnifique bal qui se soit jamais vu à la cour ». Il eut lieu dans la grande Galerie éclairée par trois rangs de lustres d'un bout à l'autre, par trente-deux girandoles et huit immenses pyramides rondes qui portaient chacune cent cinquante bougies dans des flambeaux d'argent posés sur huit degrés s'élevant en pointe et revêtus de gaze d'or. « Je n'entreprendrai point, dit le *Mercure*, la description de la richesse des habits; il suffit de dire que l'imagination ne peut aller plus loin et que les yeux étaient éblouis... Le duc de Bourgogne ouvrit la danse par le branle, menant la duchesse de Bourgogne, et tout le monde en fut charmé. Sur les huit heures, le roi demanda la collation, qui fut apportée sur douze tables de formes inégales, couvertes de mousse et de verdure au lieu de nappes, et chargées, par compartiments, de toutes sortes de fruits et de confitures sèches entremêlées de fleurs. Elles furent portées dans l'enceinte du bal; alors qu'elles furent rassemblées, elles formèrent une sorte de parterre très agréable, où paraissaient quatre orangers portant des oranges

LOUIS XIV

confites. Ces tables furent ensuite séparées et passèrent l'une après l'autre autour de l'enceinte. Après la collation, qui fut entièrement pillée, on continua le bal jusqu'à dix heures et demie. »

Pendant les trois années qui suivent, aucun événement d'importance; mais le 16 novembre 1700, une nouvelle se répand à travers le palais et Versailles qui révolutionne la cour et la ville: Louis XIV vient de reconnaître le duc d'Anjou comme roi d'Espagne. Ecoutons Dangeau : « Le roi, après son lever, fit entrer l'ambassadeur d'Espagne dans son cabinet, puis il appela le duc d'Anjou et dit à l'ambassadeur : « Vous « le pouvez saluer comme votre roi. » L'ambassadeur se jeta à deux genoux et lui baisa la main à la manière d'Espagne; il lui fit ensuite un long compliment en espagnol[1], et après qu'il eut fini, le roi lui dit : « Il n'entend « pas encore l'espagnol; c'est à moi à répondre pour lui. » Les courtisans étaient à la porte du cabinet du roi; Sa Majesté commanda à l'huissier d'ouvrir les deux battants de la porte et de faire entrer tout le monde, et dit: « Messieurs, voilà le roi d'Espagne; la naissance « l'appelait à cette couronne; toute la nation l'a souhaité « et me l'a demandé instamment, ce que je leur ai « accordé avec plaisir: c'était l'ordre du ciel. » Puis, se

1. Le *Mercure galant* ajoute à cet endroit : « L'ambassadeur d'Espagne se jeta aux pieds de Philippe V et, lui ayant baisé la main, se releva, fit avancer son fils et les Espagnols de sa suite, et s'écria : « Quelle joie! Il « n'y a plus de Pyrénées, elles sont abîmées, et nous ne sommes plus qu'un! »

retournant au roi d'Espagne, il lui dit: « Soyez bon
« Espagnol, c'est présentement votre premier devoir ;
« mais souvenez-vous que vous êtes né Français pour
« entretenir l'union entre les deux nations ; c'est le
« moyen de les rendre heureuses et de conserver la paix
« de l'Europe. » Le duc de Bourgogne et le duc de Berry
embrassèrent le roi d'Espagne, et ils fondaient tous
les trois en larmes en s'embrassant.

« L'audience finie, le roi se mit en marche pour
aller à la chapelle ; il fit marcher le roi d'Espagne à sa
droite ; ils entendirent la messe à la tribune, et, comme
le roi vit que le roi d'Espagne n'avait point de carreau,
il se leva et lui voulut donner le sien. Le roi d'Espagne ne voulut pas le prendre, et le roi ôta le sien ; ils
n'en eurent ni l'un ni l'autre. En revenant de la messe
et passant dans le grand appartement, le roi dit au roi
d'Espagne qu'il lui avait fait préparer cet appartement
et qu'il le lui allait laisser pour donner le temps aux
courtisans de lui venir faire leur cour.

« L'ambassadeur d'Espagne dit fort à propos (lorsque
Louis XIV permit à tous les courtisans, qui le voudraient, de suivre le nouveau roi) que ce voyage devenait aisé, et que présentement les Pyrénées étaient
fondues. »

Jusqu'à son départ, le roi d'Espagne habita les grands
appartements et coucha dans le salon de Mercure.

Le 25 juin 1704, la duchesse de Bourgogne met au
monde le premier duc de Bretagne. Le *Mercure galant*

ne manque point de publier le récit de cet événement avec un grand luxe de détails ; nous n'en détacherons que les réflexions de la fin qui mettent en plein jour un Louis XIV intime et, si l'on peut ainsi dire, un Louis XIV homme, au lieu du Louis XIV dieu : « Je ne puis m'empêcher de faire remarquer une chose qui n'est pas ordinaire à tous les souverains, qui fuient avec soin tous les spectacles douloureux et qui peuvent leur donner des idées de la mort et même la leur représenter. Le roi n'en a jamais usé de même, et on l'a vu en plusieurs occasions passer des journées et des nuits entières auprès des personnes mourantes qui le touchaient, et donner tous ses soins à ce qui pouvait contribuer au rétablissement de leur santé et au salut de leurs âmes, donnant ses ordres pour toutes ces choses et faisant lui-même une partie de ce qui aurait pu être fait par d'autres. Ce prince a demeuré auprès de la reine sa mère, de la reine son épouse et de madame la Dauphine, presque jusqu'au moment qu'elles ont rendu l'âme, et lorsque les deux dernières ont été sur le point de mettre des princes ou des princesses au monde, il ne les a pas quittées pendant leurs plus vives douleurs. »

Le 12 février 1712, la duchesse de Bourgogne meurt, à l'âge de vingt-six ans, après sept jours d'une fièvre violente, la peau couverte de taches rougeâtres ; le dauphin, qui n'avait pas quitté sa femme, est à son tour saisi de la fièvre ; les mêmes taches couvrent son corps, mais « plus livides et plus rougeâtres », et le 18 au matin il meurt, n'ayant encore que trente ans.

La rougeole pourprée, qui eut un caractère épidémique dans ce funeste hiver, avait enlevé, à quelques jours d'intervalle, le dauphin et la dauphine ; l'aîné de leurs fils, le duc de Bretagne, en mourut le 8 mars, et le second, le duc d'Anjou, ne parut échapper à la mort que pour quelques semaines ou quelques mois. On crut au poison, et le cri public fut effroyable : « Philippe a fait le coup ; sa fille, complice de ses plaisirs et de ses travaux, est une autre Brinvilliers ! » Et le jour des funérailles, la foule veut déchirer le duc d'Orléans. Les médecins et les chirurgiens hésitent, après l'autopsie, et ne concluent ni pour ni contre le poison. Le duc d'Orléans, dont l'innocence est aujourd'hui hors de doute, demande en vain la Bastille et des juges ; Louis XIV refuse à ce prince, qu'il appelait un « fanfaron de crimes », le scandale d'un procès. A la Cour, dans la nation, le deuil est grand, la douleur violente ; on a placé tant d'espérances sur la tête du jeune prince ! On vit alors ce que l'on devait voir un siècle plus tard à la mort du duc d'Orléans, la France entière pleurer sur le cercueil de son futur roi, convaincue qu'elle conduit le deuil de la monarchie, et le conduisant en effet.

Les corps du dauphin et de la dauphine furent exposés dans le salon de la Reine, sur un lit de parade. « Les deux grilles de Versailles, dit le *Mercure*, étaient tendues de noir sans écussons. Toutes les marches du vestibule, le grand escalier, la première salle des gardes et tout l'appartement de la dauphine étaient tendus jusqu'au plafond. Deux bandes d'écussons régnaient depuis le dehors de la cour jusqu'à la chambre où le prince et la princesse étaient exposés. Un concours infini de peuple vint pendant tout le temps que les corps du prince et de la princesse furent exposés [1] et passait au travers du salon. »

Nous voici arrivés à la fin de ce long règne. Le roi est vieux, tous les siens sont tombés autour de lui, les défaites ont succédé aux victoires, et ce crépuscule est doublement sombre. Pour distraire le monarque et lui donner un instant l'illusion de son ancienne splendeur, Pontchartrain imagine et machine une députation du Sophi, frappé de respect et d'admiration pour la gloire de Louis XIV. Le 19 février 1715, « le roi, dit Dangeau, prit un habit d'une étoffe or et noir, brodé de diamants ; il y en avait pour 12,500,000 livres, et l'habit était si pesant, que le roi en changea aussitôt après son dîner. L'ambassadeur de Perse n'arriva que vers les onze heures, et un peu devant qu'il arrivât le roi parut sur le balcon de sa chambre, et le peuple, dont la cour était remplie, poussa les cris de : Vive le roi ! Je crois n'en avoir jamais entendu qui partissent de meilleur cœur. La cour des Secrétaires d'État était aussi remplie de peuple que la première ; les cris de

1. Ils ne furent transportés à Saint-Denis que le 23 février.

joie s'y redoublèrent et passèrent même dans l'avenue de Paris, où l'ambassadeur descendit de carrosse pour monter à cheval. Ni lui ni sa suite ne méritent grande attention.

« Dès qu'ils furent entrés, le roi passa dans la grande Galerie, où il y avait des gradins à quatre rangs depuis un bout jusqu'à l'autre, mais d'un côté seulement. Ces gradins étaient remplis de plus de quatre cents dames magnifiquement parées ; les dames de la cour sur les gradins les plus près du trône, et les dames de Paris en continuant vers le bas de la galerie. Le roi a la politesse, en entrant, de passer fort près des dames, qui avaient fort envie de le voir dans sa magnificence [1]. Il monta sur son trône, où était à côté de lui, à droite, le dauphin [2], qui avait un habit et un bonnet fort couverts de pierreries ; Mme la duchesse de Ventadour le tenait par la lisière. La galerie était remplie de courtisans habillés très richement et de beaucoup d'étrangers. »

Le 13 août 1715, Louis XIV donna une audience de congé à cet ambassadeur, dans le salon d'Apollon. Le roi était souffrant, il se tint debout pendant toute la cérémonie, qui fut longue, et « cela le fatigua fort ; il eut même envie de se coucher en rentrant chez lui [3] ».

Saint-Simon nous apprend que « le roi à qui on

---

[1]. « Le roi parut fort cassé, maigri, et avoir très méchant visage. » (Saint-Simon.)

[2]. Depuis Louis XV ; il était alors âgé de cinq ans.

[3]. Il y eut beaucoup moins de monde à cette seconde audience ; le public se lassait de l'ambassadeur persan.

donna toujours cette ambassade pour véritable, et qui fut presque le seul de sa cour qui le crût de bonne foi, se trouva extrêmement flatté d'une ambassade de Perse sans se l'être attirée par aucun envoi. Il en parla souvent avec complaisance ».

Depuis son arrivée en France, cet ambassadeur vivait aux dépens du roi, ainsi que sa suite « misérablement vêtue ». Les ministres firent comprendre à Méhémet-Riza-Bey, — c'était le nom vrai ou supposé de ce Persan, — qu'il fallait en finir avec une comédie trop coûteuse. Méhémet-Riza-Bey ne fit aucune objection. A peine hors du palais, il monta à cheval, la pipe aux dents, partit pour Paris, en emportant les présents du roi qui étaient considérables, enleva la femme d'un cafetier et s'embarqua au Havre.

Louis XIV était déjà à la veille de sa mort. Malade depuis le 10 août 1715, attaqué par la gangrène sénile, il ne garda le lit qu'à partir du 24 août. Il mourut le 1er septembre 1715, à huit heures un quart du matin, après avoir donné, dans cette cruelle agonie de huit jours, « le plus grand, le plus touchant et le plus héroïque spectacle que les hommes puissent jamais voir ».

Le lundi 26 août, à midi, le roi fait entrer le petit dauphin dans sa chambre, et, après l'avoir embrassé, lui dit : « Mignon, vous allez être un grand roi, mais tout votre bonheur dépendra d'être soumis à Dieu et du soin que vous aurez de soulager vos peuples. Il faut pour cela que vous évitiez autant que vous le pourrez de faire la guerre ; c'est la ruine des peuples. Ne suivez pas le mauvais exemple que je vous ai donné sur cela ; j'ai souvent entrepris la guerre trop légèrement et je l'ai soutenue par vanité. Ne m'imitez pas, mais soyez un prince pacifique, et que votre principale occupation soit de soulager vos sujets. » Après la messe, le roi adresse la parole, à haute voix, à tous ses officiers : « Je m'en vais, mais l'Etat demeurera toujours ; soyez-y fidèlement attachés. » — Le mardi 27, il continue à donner des ordres, à entendre la messe, à s'entretenir avec tous ceux qui l'approchent. « Aussitôt que je serai mort, dit-il au comte de Pontchartrain, vous expédierez un brevet pour faire porter mon cœur à la maison professe des Jésuites et l'y faire placer de la même manière que celui du feu roi mon père. Je ne veux pas qu'on y fasse plus de dépense. » Il lui donna cet ordre, dit Dangeau, avec la même tranquillité qu'il ordonnait, bien portant, une fontaine pour Versailles. Puis, s'adressant à Mme de Maintenon : « J'ai toujours ouï dire qu'il est difficile de mourir ; pour moi, qui suis sur le point de ce moment si redoutable aux hommes, je ne trouve pas que cela soit difficile. » — Le mercredi 28, apercevant dans une glace deux garçons de chambre qui pleuraient au pied de son lit, le roi leur dit : « Pourquoi pleurez-vous ? Est-ce que vous m'avez cru immortel ? Pour moi, je ne l'ai jamais cru être, et vous avez dû vous préparer depuis longtemps à me perdre dans l'âge où je suis. » Le même jour, Louis XIV prend d'un élixir préparé par un Marseillais, un certain Brun, qui proclame ce remède infaillible pour la gangrène. — Le jeudi 29, le roi se ranime, semble reprendre des forces, « et comme la plupart des gens sont extrêmes en tout, et surtout les dames, elles voulaient que Brun fût une espèce d'ange envoyé du ciel pour guérir le roi, et qu'on jetât tous les médecins de la cour et de la ville dans la rivière ». — Le vendredi 30, l'agonie commence ; le samedi 31, Louis XIV est sans connaissance, la gangrène monte, « cependant la mort ne saurait venir à bout d'achever de le détruire, tant la force de sa constitution est prodigieuse ». — Le dimanche 1er septembre 1715, le roi meurt « à huit heures un quart et demi, et il a rendu l'âme sans aucun effort, comme une chandelle qui s'éteint. La nuit s'était passée sans aucune connaissance. Aussitôt qu'il a expiré, le duc d'Orléans est allé avec tous les princes du sang saluer le jeune roi, et dès que cet enfant a entendu le traiter de Sire et de Majesté, il a fondu en larmes et en sanglots, sans qu'on lui eût dit que le roi fût mort. »

Dès que Louis XIV a rendu le dernier soupir, le premier gentilhomme paraît à la fenêtre de sa chambre, qui donne sur la cour de Marbre, et crie trois fois : Le roi est mort ! Puis, brisant sa canne et en prenant une autre, il ajoute : « Vive le roi ! » En même temps, on place l'aiguille de l'horloge du palais sur l'heure à laquelle le roi a rendu le dernier soupir. Elle y resta immobile jusqu'à la mort de Louis XV.

Toute la cour, avide de ce bruit, de ce mouvement, de ces plaisirs et de ces fêtes dont elle était depuis trop longtemps sevrée, se précipite vers Paris. Le palais demeure vide, morne et silencieux, semblable au sépulcre de la monarchie absolue ; elle était morte avec Louis XIV, et ne ressuscita point avec ses successeurs.

VERSAILLES SOUS LOUIS XV

Pendant le séjour de la cour à Paris (1715-1722), Versailles ne reçut que la visite de Pierre le Grand. Le czar arriva le 24 mai 1717, et repartit le 27. Il revint le 3 juin de la même année.

Le 15 juin 1722, le roi étant âgé de douze ans et demi, et fiancé depuis un an à l'infante d'Espagne, fille de Philippe V, âgée de quatre ans, « on résolut, dit Saint-Simon, que Louis XV abandonnerait Paris pour toujours et que la cour se tiendrait à Versailles. Le roi s'y rendit en pompe le 15 juin, et l'infante le lendemain. Ils occupèrent les appartements du feu roi et de la feue reine ».

Le règne de Louis XV fut le règne des petits appartements, des petits cabinets, des petites intrigues. Dès qu'il le put, le roi s'affranchit des rigueurs de l'étiquette, abandonna les immenses salons de Louis XIV, et vécut, comme un bourgeois qui aime ses aises et surtout ses plaisirs, loin des courtisans, loin de la

Cour, dans ses appartements particuliers, s'efforçant d'oublier qu'il était roi de France, et ne l'étant que le moins possible. « Ce qui se passe dans son royaume, écrit Mme de Tencin, paraît ne pas le regarder. Il ne s'affecte de rien ; dans le conseil, il est d'une indifférence absolue ; il souscrit à tout ce qui lui est présenté. » S'il travaille avec ses ministres, c'est sans esprit de suite et avec un visible ennui. Vient-il, par hasard, à prendre une décision, il néglige de la faire exécuter. Il a plus de goût pour l'intrigue, et s'il lui déplaît d'assister au conseil, il lui déplaît moins de conspirer contre ses ministres, de leur jouer de mauvais tours, de leur faire des niches, et il appelle cela « leur donner un petit tire-laisse ». Pendant vingt années, un ministère occulte des affaires étrangères fonctionne, sans qu'on en puisse soupçonner l'existence, sous sa direction et celle du duc de Broglie ; mais s'il joue ses ministres, ceux-ci lui rendent la pareille, et ils envoient des ordres à l'insu du roi ; chacun, comme le dit encore Mme de Tencin, se comporte en maître dans son *tripot*.

Louis XV n'aime pas Versailles ; même dans la retraite qu'il s'est arrangée, il se trouve encore trop en vue, trop en scène ; ce palais d'un grand roi l'écrase, et il s'y ennuie plus qu'ailleurs, lui qui s'ennuie toujours et partout. Versailles est la résidence officielle du gouvernement, mais le roi n'y séjourne que le moins possible. S'il y passe une semaine entière, c'est un événement. Les cérémonies du lever et du coucher du roi sont remplacées par la toilette de Mme de Pompadour et le petit coucher du cardinal Fleury.

LOUIS XV

Les courtisans viennent en foule à la toilette de la marquise, et s'y rencontrent avec Duclos, Bernis et Marmontel. C'est là que se distribuent les faveurs et que l'on obtient les places.

Bien avant la toilette de Mme de Pompadour, on eut le réjouissant spectacle donné par le vieux cardinal Fleury. « Toute la France, toute la Cour, dit d'Argenson, useurs de parquet ou gens affairés attendent à sa porte. Son Eminence rentre, passe dans son cabinet, puis on ouvre, et vous voyez ce vieux prêtre qui ôte sa culotte, qu'il plie proprement ; on lui passe une assez médiocre robe de chambre, on lui passe sa chemise ; il peigne longtemps ses quatre cheveux blancs, il raisonne, il jase, il radote, il débite quelques mauvaises plaisanteries entrelardées de discours mielleux et communs, quelques nouvelles de la ville. Le bonhomme s'imagine que c'est là une consolation pour nous autres, et pour ce pauvre peuple qui a empressement de le voir ; de sorte qu'il ne peut donner un temps plus loisible, sans faire tort aux affaires. »

La reine[1] seule tient la Cour, mais il ne vient per-

---

[1]. « Il n'y a point d'humeur dans le caractère de la reine. Elle a quelquefois des moments de vivacité, mais ils sont passagers ; elle en est fâchée le moment d'après, et quand elle croit avoir fait peine à quelqu'un, elle est impatiente de le consoler par quelques marques de bonté. La reine devrait savoir beaucoup, car elle a beaucoup lu, et même des livres difficiles à entendre ; elle les lit avec plaisir ; cependant quelques gens croient qu'elle peut bien ne pas les entendre. Elle n'a pas le talent de bien conter, et elle le sent fort bien. Elle entend avec finesse, et a des saillies et des reparties extrêmement vives. Elle aime la musique et joue de plusieurs instruments, médiocrement à la vérité, mais assez pour s'amuser ; elle a la voix fort petite, mais fort douce. Quoiqu'elle ne soit pas grande et qu'elle n'ait pas ce qu'on appelle une figure fort noble, elle a un visage qui plaît et qui a beaucoup de grâce. Sa grande piété et sa vertu l'ont mise à portée de jouir d'une liberté que jamais reine n'avait eue jusqu'à présent. Quoiqu'elle aime le ton de la galanterie accompagné d'esprit et

sonne ou presque personne à son cercle ; le plus souvent, le jeu ne peut commencer faute de joueurs. Abandonnée par le roi, se réfugiant chez le duc de Luynes, elle y soupe et passe ses soirées dans le cabinet de la duchesse, et chacun, après une courte conversation, s'endort dans son fauteuil. « La solitude de Versailles est affreuse, s'écrie-t-elle, et j'aimerais quasi mieux être dans un couvent. » Marie Leczinska, qui a du goût pour la peinture, s'imagine qu'elle sait peindre, et entreprend quatre grands tableaux chinois qu'elle destine à un salon enrichi de porcelaines rares et de laques. Elle s'enferme avec un maître de dessin qui se charge du paysage, et finit par tout faire. « Il traçait au crayon, dit Mme Campan, les personnages ; les figures et les bras étaient confiés par la reine à son propre pinceau ; elle ne s'était réservé que les draperies et les petits accessoires. Tous les matins, sur le trait indiqué, elle venait placer un peu de couleur dont le maître garnissait chaque fois son pinceau, en répétant sans cesse : « Plus haut, plus bas, Madame, à « droite, à gauche. » Après une heure de travail, quelques devoirs de piété appelaient Sa Majesté, et le peintre, mettant des ombres aux vêtements, enlevant les couches de peinture où elle en avait trop placé, terminait les petites figures. L'entreprise finie, le salon fut décoré de l'ouvrage de la reine, et l'entière confiance

de prudence, et qu'elle entende parfaitement ce langage, elle n'a nulle idée du mal, elle n'en a que l'horreur. » (Le duc de Luynes.)

de cette vertueuse princesse que cet ouvrage était celui de ses mains fut telle, que, léguant ce cabinet à la comtesse de Noailles, sa dame d'honneur, les tableaux et tous les meubles dont il était décoré, elle ajouta à l'article de ce legs : « Les tableaux de mon cabinet étant « mon ouvrage, j'espère que Madame la comtesse de « Noailles les conservera par amour pour moi. » Mme de Noailles, depuis maréchale de Mouchy, ajouta un pavillon à son hôtel du faubourg Saint-Germain pour y loger les chefs-d'œuvre de la reine, et fit graver en lettres d'or sur la porte d'entrée l'innocent mensonge de cette bonne princesse. »

Marie Leczinska imprimait aussi des prières, des sentences et des maximes de morale. Le dauphin, l'ayant un jour trouvée à ce travail, la plaisanta sur le scandale qu'elle donnait avec son imprimerie clandestine. La reine lui fit présent d'une collection des ouvrages sortis de sa presse, et lui demanda s'il ne serait pas curieux d'apprendre le métier à son école ? « Pas du tout, répondit le dauphin, à moins que ce ne soit pour imprimer un règlement bien sévère, contre l'abus qu'on fait aujourd'hui de l'imprimerie. »

Cependant, malgré le dauphin, plusieurs imprimeries princières ou particulières furent établies temporairement au château de Versailles. En 1758, la dauphine débute : *Elévations de cœur à N.-S. Jésus-Christ, imprimé de la main de Madame la dauphine*, 1758, in-16. Le duc de Bourgogne donne à son tour : *Prière à l'u-*

sage des Enfants de France, Versailles, de l'imprimerie de Mgr le duc de Bourgogne ; 1760, in-12. Mme de Pompadour eut son imprimerie, comme elle avait déjà son

MARIE LECZINSKA

atelier de gravure ; il en sortit : *Rodogune, princesse des Parthes*, tragédie. Au Nord, 1760, in-4, avec une estampe gravée par la favorite. Louis XVI, devenu le dauphin, imprima : *Maximes morales et politiques tirées de Télémaque, imprimées par Louis-Auguste, dauphin*, à Versailles, de l'imprimerie de Mgr le dauphin, 1766, petit in-8.

Mme Adélaïde joue du violon ; le dauphin compose du plain-chant, vit très retiré, et fume douze pipes chaque matin. Louis XV se promène sur les toits du château, écoute aux cheminées, et lorsque MM. de Flavancourt et de la Tournelle, assis au coin du feu, déchirent à belles dents Mme de Mailly et concluent à son prompt renvoi par Louis XV, ils entendent une voix, qui semble venir du ciel, leur crier : « Non, il ne la quittera jamais. » Il lui arrive de se passionner pour la tapisserie et, comme il ne saurait attendre, le courrier qui va chercher à Paris les métiers, les aiguilles, les laines, accomplit le double trajet en deux heures un quart. « Et comme il faut dire partout des platitudes, et sur tout, on a dit au roi lui-même : « Sire, le feu roi n'entreprit jamais tout au plus que deux sièges à la fois, et vous en entreprenez quatre. » Il s'agissait de quatre tapisseries auxquelles le roi travaillait en même temps et dont chacune représentait le siège d'une ville. Mais la grande occupation de Louis XV, c'est le souper dans ses cabinets ; on ne dit plus, comme sous Louis XIV : il y a appartements ; on dit : il y a cabinets. Ce fut Mlle de Charolais qui inaugura ces soupers, en juin et juillet 1738 ; « le roi, dit Barbier, y gagna plus d'une indigestion. » De Luynes nous apprend que « dans le commencement des cabinets, ces soupers étaient extrêmement longs; il s'y buvait beaucoup de vin de Champagne; le roi en buvait assez; et quoiqu'il n'y parut pas tant qu'à quelques-uns de ses courtisans, il ne laissait pas que d'y paraître quelquefois... Le roi se couche à six heures du matin et reste au lit jusqu'à cinq heures du soir. » Pendant la faveur de M⁽ᵐᵉ⁾ de Châteauroux, les femmes admises aux soupers sont : *la poule*, M⁽ᵐᵉ⁾ de Flavancourt; *la rue des mauvaises paroles*, M⁽ᵐᵉ⁾ de Lauraguais, et, naturellement, la *princesse*, M⁽ᵐᵉ⁾ de Châteauroux. Cette « grosse réjouie » de Lauraguais a la manie de distribuer des sobriquets, ce qui amuse fort Louis XV. M. d'Argenson est *le veau qui tette*; M. de Florentin, *le cochon de lait;* M. de Maurepas, *le chat qui file;* le cardinal de Tencin; *l'autruche;* M. Amelot, *le barbet;* le cardinal de Rohan, *la poule qui couve;* le duc de Gesvres, *la chèvre*. M⁽ᵐᵉ⁾ de Pompadour continuera M⁽ᵐᵉ⁾ de Lauraguais; avec elle, de Bernis est *le pigeon pattu;* le duc de Chaulnes, *le cochon*, et M. de Moras, *le gros cochon;* M. de Saint-Florentin, *le petit saint;* Duverney, *le nigaud;* de Paulmy, *la petite horreur;* M⁽ᵐᵉ⁾ d'Amblimont, *le torchon*. Le roi donne dans ce travers, et Mesdames Victoire, Adélaïde, Sophie et Louise, deviennent *Coche*, *Loque*, *Graille* et *Chiffe*. Sous M⁽ᵐᵉ⁾ de Pompadour, dit d'Argenson, les soupers étaient devenus une véritable pétaudière; on y était vingt-quatre à table. On s'y moquait du roi et à sa barbe.

En revanche, Mme de Pompadour a établi, dans son appartement, l'étiquette la plus sévère; on ne lui parle que debout, et lorsqu'elle s'écrie, avec indignation : « Baufremont s'est assis devant moi! » il faut, pour innocenter le coupable, qu'on plaide la folie. Elle prend alors le parti de supprimer les sièges, à l'exception du seul fauteuil où elle trône; si bien que le prince de Conti s'assied sur le lit, en disant : « Voilà, Madame, un excellent coucher. »

Vers la fin du règne, Mercy-Argenteau écrit à Marie-Thérèse : « On remarque souvent chez le roi des absences d'esprit qui ressemblent aux effets de l'ivresse. Sa tête s'affaiblit de plus en plus, et il s'y joint un ennui qui doit occasionner au monarque le désordre général qui l'environne de toutes parts..... Le dauphin (depuis Louis XVI) a un goût extraordinaire pour la maçonnerie, la menuiserie et autres ouvrages de ce genre; il travaille lui-même avec les ouvriers à remuer des matériaux, des poutres, des pavés, et se livrant pendant des heures entières à ce pénible exercice, il en revient plus fatigué que ne le serait un manœuvre obligé de remplir ce travail. ».

Entre le vieux roi dont l'intelligence et les forces déclinent, ce mari qu'une légère infirmité éloigne d'elle pendant sept ans et que la serrurerie absorbe, entre ses tantes qui sont ses ennemies, quelle est l'existence de la jeune dauphine ? Elle va nous l'apprendre elle-même, dans une lettre à Marie-Thérèse :

« Je me lève à dix ou à neuf heures, et, m'étant habillée, je dis mes prières du matin, ensuite je déjeune, et de là je vais chez mes tantes, où je trouve ordinairement le roi. Cela dure jusqu'à dix heures et demie; ensuite, à onze heures, je vais me coiffer. A midi, on appelle la chambre, et là tout le monde peut entrer, ce qui n'est point des communes gens. Je mets mon rouge et lave mes mains devant tout le monde; ensuite les hommes sortent et les dames restent, et je m'habille devant elles. A midi est la messe. Après, nous dînons M. le dauphin et moi devant tout le monde, mais cela est fini à une heure et demie, car nous mangeons fort vite tous les deux. A trois heures, je vais encore chez mes tantes où le roi vient à cette heure-là. A neuf heures nous soupons, chez mes tantes, quand le roi y est; nous attendons le roi qui vient ordinairement à dix heures trois quarts; mais, moi, en l'attendant, je me place sur un grand canapé et dors jusqu'à l'arrivée du roi; mais quand il n'y est pas, nous allons nous coucher à onze heures. Voilà toute notre journée. »

On a vu plus haut que la Cour retourna à Versailles le 15 juin 1722; de cette époque à 1723, rien ne se produit qui mérite d'être signalé.

Le 2 décembre de cette dernière année, le régent meurt, quatre mois après le cardinal Dubois. « Son sac était fait pour aller travailler chez le roi, dit Saint-Simon, et il causa près d'une heure avec la duchesse de Falari, en attendant celle du roi. Comme elle était tout proche, assis près d'elle, chacun dans un fauteuil, il se laissa tomber de côté sur elle, et oncques depuis n'eut pas le moindre rayon de connaissance, pas la plus légère apparence. La Falari, effrayée au point qu'on peut imaginer, cria au secours de toute sa force, et redoubla ses cris. Voyant que personne ne répondait, elle appuya comme elle put ce pauvre prince sur les deux bras contigus des deux fauteuils, courut dans le grand cabinet, dans la chambre, dans les antichambres sans trouver qui que ce soit.... Sitôt que les gens du métier l'eurent envisagé, ils le jugèrent sans espérance. On l'étendit à la hâte sur le parquet, on l'y saigna; il ne donna pas le moindre signe de vie pour tout ce qu'on put faire. En un instant que les premiers furent avertis, chacun de toute espèce accourut; le grand et le petit cabinet étaient pleins de monde. En moins de deux heures tout fut fini, et peu à peu la solitude y fut aussi grande qu'avait été la foule. »

Monsieur le Duc (le duc de Bourbon) succéda au régent, mais ce fut la marquise de Saint-Prie qui gouverna la France. Le roi étant tombé malade : « Monsieur le Duc, dit Saint-Simon, en fut tellement effrayé qu'il se releva une nuit tout nu, en robe de chambre, et monta dans la dernière antichambre (l'Œil-de-Bœuf), seul, une bougie à la main.... Maréchal, qui passait cette nuit-là dans cette antichambre, étonné de cette apparition, alla à lui et lui demanda ce qu'il venait faire. Il trouva un homme égaré, hors de soi, qui ne put se rassurer sur ce que Maréchal lui dit de la maladie, et à qui enfin, d'effroi et de plénitude, il échappa : « Que deviendrais-je, répondant entre haut « et bas à son bonnet de nuit; je n'y serais pas repris « s'il en réchappe; il faut le marier. » Ce fut l'époque du renvoi de l'infante. »

Cette princesse n'avait que sept ans, et n'était, par conséquent, pas en âge de donner un héritier au roi; or, le duc de Bourbon entendait que Louis XV devînt père au plus vite, et il décida le renvoi de l'infante. Elle quitta Versailles, le 5 avril 1725, en compagnie de la duchesse de Tallard, escortée par un régiment d'infanterie, avec la conviction qu'elle allait voir son père et reviendrait ensuite reprendre sa place à la Cour de France. Louis XV s'était enfui à Marly, et ce fut de là qu'il écrivit à Philippe V; le roi d'Espagne se borna, pour toute réponse, à renvoyer en France une des filles du régent, Mlle de Beaujolais, fiancée depuis 1722 à l'infant don Carlos, qui fut plus tard Charles III. Quant à l'infante, elle épousa en 1729 le prince du Brésil, qui devint roi de Portugal sous le nom de Joseph Ier.

Après avoir renvoyé l'infante, Monsieur le Duc se hâta de négocier le mariage du roi avec Marie Leczinska. Le contrat fut signé à Versailles, le 9 août 1725, la bénédiction nuptiale fut donnée à Fontainebleau, où la Cour résida jusqu'au 1er décembre. Ce jour-là, la reine revint à Versailles et se rendit dans son appartement par l'escalier des Ambassadeurs, les grands appartements du roi et la Galerie où brûlaient des milliers de bougies.

L'amour du roi pour Marie Leczinska fut violent, mais dura peu; quelques mois à peine, pendant lesquels Louis XV ne pouvait se passer de la reine. Assidu, empressé, il avait sans cesse son nom sur les lèvres, et répondait aux courtisans qui lui vantaient quelque dame de la cour : « Je trouve la reine encore plus belle. » Bientôt, ce feu s'éteint, et l'on entrevoit la séparation. Au surplus, Marie Leczinska y pousse par ses enfantillages et ses manies. Il faut qu'on l'endorme avec des contes, et, même lorsque le roi est couché auprès d'elle, la peur des revenants la tourmente à ce point qu'une de ses femmes doit tenir sa main dans la sienne pendant son sommeil. Tantôt, elle saute brusquement à bas de son lit et court, à travers la chambre, à la recherche de sa chienne; tantôt, elle empile sur elle des matelas, sous lesquels le roi étouffe. Il se sauve, tout en sueur, et jure qu'il n'y reviendra plus. Enfin, Marie Leczinska se lasse de ses perpétuelles grossesses, et comme il est de bon ton qu'une femme de qualité affiche quelque dédain pour son mari, elle fait, un peu imprudemment, ses doléances à ses amis et même à ceux qui complotent d'éloigner d'elle le roi et de l'engager dans des intrigues.

Le 14 août 1727, la reine avait eu deux filles : Madame Première (Madame Elisabeth), et Madame Seconde (Madame Henriette). On désignait ainsi par un numéro d'ordre les filles du roi jusqu'à l'époque de leur baptême. La reine eut encore Madame Troisième, le 28 juillet 1728; un dauphin, le 4 septembre 1729; le duc d'Anjou, en 1730; Madame Adélaïde, en 1732, qui devint Madame Troisième à la mort de la plus jeune de ses sœurs; en 1733, Madame Quatrième (Madame Victoire); en 1734, Madame Cinquième (Madame Sophie); en 1736, Madame Sixième; en 1737, Madame Septième (Madame Louise). « Appelez-la Madame Dernière, » s'écria Louis XV, qui attendait un fils.

Le 3 septembre 1732, le roi tint un lit de justice à Versailles. Ce fut la bulle *Unigenitus*, cause de querelles interminables, qui nécessita l'intervention royale. Il est à noter que, jusqu'à cette époque, aucun souverain n'avait tenu de lit de justice ailleurs qu'à Paris et au Parlement. Barbier nous a conservé la physionomie de cette séance. « Le Parlement en robes rouges s'est rendu à Versailles à dix heures du matin; il a été reçu par le grand maître des cérémonies et introduit dans la salle des gardes, laquelle avait été accommodée sur le modèle de la grand' Chambre. Le lit de justice a commencé vers les onze heures; le roi était placé dans le coin de la salle, sur un siège élevé, sous un dais comme au Palais, et avait à ses pieds le prince Charles de Lorraine, grand écuyer, qui, dans ces cérémonies, a un grand baudrier avec une grande épée, le duc de Bouillon, les princes du sang, douze ducs et pairs, des gouverneurs de province. Cela formait une assemblée magnifique par la qualité des personnes et la diversité des habillements. Dans un coin fait en espèce de lanterne, on voyait le cardinal de Fleury, qui regardait ce spectacle. »

Le 26 janvier 1739, le roi donne, dans le salon d'Hercule, un grand bal qui attire tant de monde, qu'il fallut, les huissiers de la Chambre étant débordés, envoyer chercher des gardes du corps pour expulser de nombreux intrus. « Ce superbe salon, dit le *Mercure*, éclatant par lui-même de peintures, de dorures, de bronzes et de marbres exquis, était éclairé par sept grands lustres de cristal de roche, et des girandoles formant un double filet de lumière en dehors et en dedans. Les trumeaux étaient ornés de pilastres portant chacun une gerbe de dix girandoles de cristal de roche, qui par leur éclat et leur masse de lumières interrompaient le filet du pourtour. Les quatre coins du gradin de la musique portaient chacun une tige de 25 lis dorés et guirlandés de festons de cristaux, éclairés de grosses bougies.

« Sur les sept heures du soir, le roi passa chez la reine; toutes les dames s'y étaient rendues dès cinq heures. L'habit du roi était de velours bleu ciselé, doublé de satin blanc, avec une garniture de boutons de diamants; le Saint-Esprit brodé en diamants; les parements du même velours, et la veste, d'une riche étoffe d'or. La reine était en grand habit d'étoffe à fond blanc, avec des colonnes torses brodées en or, semées de fleurs de soie ; le corps de robe entièrement garni de pierreries, ayant un gros collier de diamants, d'où pendait *le Sancy; le Régent* faisait le principal ornement de sa coiffure. Le roi, la reine, le dauphin, Mesdames de France, les princesses du sang, les seigneurs et dames de la Cour, habillés magnifiquement et dont la parure ne se faisait pas moins admirer par la richesse et le goût que par l'éclat prodigieux des pierreries, se mirent en marche et arrivèrent au son des instruments répandus dans toutes les pièces des grands appartements et se placèrent dans le salon d'Hercule. » Le dauphin ouvrit le bal avec Madame Elisabeth. On dansa jusqu'à huit heures du matin.

La même année, le 25 août, Madame Elisabeth était fiancée à l'infant don Philippe, duc de Parme, fils de Philippe V. La cérémonie des fiançailles fut célébrée, avec la pompe accoutumée, dans le salon de l'Œil-de-bœuf. « Le spectacle, dit le duc de Luynes, était fort beau par la magnificence des habits et le nombre des dames. On en compta quinze cents. » Le 26, le mariage fut célébré, le duc d'Orléans représentant don Philippe. Le soir, il y eut grande réception et lansquenet dans la Galerie ; la fête se termina par un feu d'artifice et un souper.

Le mariage du dauphin avec l'infante d'Espagne, en

1745, rendit pour quelques jours le mouvement, l'éclat et la vie au château de plus en plus abandonné par le roi et la Cour.

La dauphine arriva à Versailles le 23 février : « Elle n'est pas grande, dit de Luynes, mais elle n'est pas petite; elle est bien faite et a l'air noble; elle est fort blanche et extrêmement blonde jusqu'aux sourcils mêmes; elle a les yeux vifs. Ce qui la dépare le plus est son nez, qui est grand et peu agréable, et qui paraît tenir à son front. » La bénédiction nuptiale fut donnée, le même jour, à la chapelle du château, par le cardinal de Rohan, entouré de cardinaux, d'archevêques et d'évêques. Le soir, à sept heures, on représenta, dans le Manège de la Grande-Écurie, sur un théâtre qui y avait été dressé, *la Princesse de Navarre*, un ballet dont Voltaire avait écrit les paroles et Rousseau la musique. Le roi en fut très satisfait, mais, autour de lui, les critiques furent nombreuses. Quant à la dauphine, elle se montra particulièrement sévère pour Voltaire : « Il m'a paru, dit-elle, qu'il y a bien des plaisanteries et des expressions plates. »

Après le souper, la dauphine fut conduite dans sa chambre, que le duc de Luynes nous décrit avec son exactitude accoutumée : « La tapisserie est une ancienne tapisserie du garde-meuble; celle qui est dans le grand cabinet avant la chambre est faite depuis peu et représente l'histoire d'Esther; elle est très belle. Le lit est une étoffe cramoisie avec beaucoup de fleurs d'or; tous les fauteuils, tabourets, chaises et écrans de la chambre et du grand cabinet sont pareils. Ce meuble coûte environ 45,000 livres, rien que pour les bois et les façons, puisque l'étoffe était au garde-meuble. Dans le petit cabinet particulier de la dauphine, il y a un meuble fort riche, composé d'un canapé, de fauteuils et de tabourets, d'étoffe de Constantinople, avec beaucoup de broderies, qui pourra coûter 15,000 livres ». Le cardinal de Rohan bénit le lit; le roi donna la chemise au dauphin, et la reine à la dauphine.

Le lendemain, 24, il y eut bal paré au Manège. On y consomma, dit de Luynes, quinze cents bouteilles de vin.

Le 25, on joua dans la grande Galerie; à neuf heures, le roi soupa au grand couvert, et le bal masqué commença à minuit pour se terminer à huit heures du matin. « La foule était excessive, dit de Luynes; dans l'Œil-de-bœuf, il y avait peut-être six cents masques assis par terre; dans la Galerie, on était porté d'un bout à l'autre sans mettre pied à terre. On estime qu'il peut y avoir quinze cents masques dans l'appartement en même temps. Le roi était en if; le dauphin et la dauphine, en berger et bergère. Il y avait trois tables pour les rafraîchissements; tout était servi en maigre; il y avait une quantité prodigieuse de poissons, des vins de toute espèce, et l'on donnait à chacun, dans le moment, tout ce qu'il demandait. L'indiscrétion des masques fut extrême. On prétend qu'il y a eu des oranges du bal revendues au marché. » Le 26, on représenta le ballet des *Éléments* dans la salle des deux tribunes; on joua au lansquenet, et la fête se termina par un souper au grand couvert. Le 27, nouvelle représentation, au Manège, de la *Princesse de Navarre*; il y eut peu de monde et plus de deux cents places restèrent vides. Le 1er mars, on donna, toujours au Manège, un opéra de Quinault et Lulli, *Thésée*. Le 2, il y eut appartement et bal masqué. Enfin, les 10 et 31 mars, on représenta *Zaïde*, ballet héroïque, et l'opéra bouffon de *Platée*, qui réussit médiocrement; la musique de Rameau fut trouvée singulière, et le livret trop long, trop uniforme.

L'année suivante, le 22 juillet, la dauphine mourait, après avoir donné le jour à une fille qui ne lui survécut que peu de mois. Le 9 février 1747, le dauphin épousa en secondes noces la princesse Marie-Josèphe de Saxe. C'est encore au duc de Luynes que nous empruntons son portrait : « Un beau teint, assez blanche, de beaux yeux bleu foncé, un assez vilain nez, des dents qui seront belles quand on y aura travaillé, la taille très jolie, de beaux cheveux. » La cérémonie nuptiale fut suivie d'un bal paré dans la salle du Manège. « Mme la dauphine avait mal au pied, et ne put pas danser. La salle était parfaitement belle et fort éclairée, remplie de beaucoup de beaux habits. La foule était si grande à la porte, que le roi même eut de la peine à entrer. » Les banquettes réservées furent envahies, et ceux qui les occupaient opposèrent une vive résistance aux gardes du corps qui voulaient les en chasser. L'un d'eux, poussé à bout, répondit à un officier : « Je m'en f..., Monsieur, et si cela ne vous convient pas, je suis colonel au régiment de Champagne. » Cette querelle causa une vive émotion ; mais tout se termina par un immense éclat de rire lorsqu'on entendit une voisine de ce trop irascible colonel répondre à son tour : « Enfin, vous ferez ce que vous voudrez, mais je suis du régiment de Champagne. » Au surplus, l'attention fut bien vite détournée de ces scènes par les exploits d'un gigantesque domino jaune qui renouvelait, au buffet, les prouesses de Gargantua. On le vit avec stupeur, après avoir vidé force bouteilles, englouti des quartiers de bœuf, mis les gâteaux au pillage, ne disparaître un instant que pour revenir plus altéré et plus affamé. On surveilla cet ogre, et l'on finit par découvrir que ce domino appartenait aux cent-suisses. Chacun s'en affublait à son tour et venait aux provisions. Le 10, il y eut appartement et musique. Le 11, on joua une comédie de La Chaussée, *la Gouvernante*. Le 12, appartement. Le 13 et le 15, on donna, au Manège, l'*Année galante* et les *Fêtes de l'Hymen et de l'Amour*, deux ballets. Le 14, qui était le mardi gras, il y eut bal masqué.

La dauphine mit au monde, le 26 août 1750, une fille, la Petite Madame, et, le 13 septembre 1751, un garçon, le duc de Bourgogne. La délivrance s'étant opérée au milieu de la nuit, personne n'est là ; le roi soupe à Trianon, et le dauphin en est réduit, pour avoir les témoins nécessaires, à pousser dans la chambre tout ce qu'il rencontre, gardes du corps et suisses, en bras de chemises, jusqu'à deux porteurs de chaises qu'il trouve dans l'antichambre.

Le 8 février 1756, Mme de Pompadour est présentée à la reine, par la duchesse de Luynes, en qualité de dame du palais surnuméraire, et assiste au souper du grand couvert. La veille, Louis XV avait fait tenir à Marie Leczinska un billet lui annonçant la nomination de la favorite, et la reine avait répondu : « Sire, j'ai un roi au ciel qui me donne la force de souffrir mes maux, et un roi sur la terre auquel j'obéirai toujours. » Mme Campan raconte, sur les relations de la nouvelle dame du palais et de la reine, une intéressante anecdote : « Un jour que la marquise était entrée chez la reine, portant une grande corbeille de fleurs qu'elle tenait avec ses deux beaux bras sans gants, par signe de respect, la reine admira tout haut la beauté de la marquise, et, par des éloges détaillés, qui auraient convenu autant à une production des arts qu'à un être animé, elle semblait vouloir justifier le goût du roi. Le teint, les yeux, les beaux bras de la favorite, tout avait été le sujet d'éloges faits avec le ton de supériorité qui les rend plus offensants que flatteurs, lorsque la reine pria la marquise de chanter dans l'attitude où elle était, désirant réunir à la fois le plaisir des oreilles à celui des yeux. La marquise, tenant toujours son énorme corbeille, sentait parfaitement ce que cette

Mme DE POMPADOUR

invitation avait de désobligeant, et cherchait à s'excuser sur l'invitation de chanter. La reine finit par le lui ordonner; alors elle fit entendre sa belle voix, en choisissant le monologue d'Armide : *Enfin, il est en ma puissance.* Toutes les dames présentes à cette scène eurent à composer leur visage en remarquant l'altération de celui de la reine. »

L'attentat de Damiens faillit mettre un terme à la faveur de Mme de Pompadour ; il fut question de son renvoi, et la favorite elle-même crut un instant sa disgrâce certaine. Louis XV redoutait la mort et, plus encore peut-être, l'enfer. A Metz, pendant cette maladie que l'on crut mortelle, il chassa la duchesse de Châteauroux ; lorsqu'il se crut en danger, après le coup de stylet de Damiens, il annonça à son confesseur le renvoi de la marquise ; mais, à Metz comme à Versailles, toutes les belles résolutions s'évanouirent avec le mal.

Le 5 janvier 1757, à six heures du soir, le roi, après s'être entretenu avec Mme Victoire, se dirige vers la cour de Marbre où l'attend son carrosse, précédé, suivi de ses officiers, ayant le dauphin à sa gauche ; il va monter en voiture, lorsque, brusquement, il s'arrête, fait un pas en arrière, et s'écrie : « On m'a donné un grand coup de coude. » Au même instant, dit le duc de Luynes, « on voit un homme environ de quarante-cinq ans, habillé de brun avec une redingote brune, qui avait son chapeau sur la tête. Le dauphin lui dit : « Est-ce que tu ne vois pas le roi ? » Et un garde du corps lui jeta son chapeau à bas. M. Didreville, écuyer du roi auprès de Monseigneur le dauphin, avait déjà saisi l'homme fortement par les deux épaules, mais il était prêt à le lâcher, croyant que c'était un paysan étourdi. Le roi ayant porté sa main à l'endroit du coup, qui est entre la quatrième et la cinquième côte, la retira pleine de sang et dit : « Je suis blessé, et « c'est cet homme qui m'a frappé. » Le voyant arrêté, il ajouta : « Qu'on le garde et qu'on ne le tue pas. » Le roi perdait beaucoup de sang; cependant il remonta son escalier sans être soutenu. »

La blessure était légère; mais Louis XV la crut mortelle. Il y avait chez lui le pressentiment qu'il mourrait assassiné. Ce fut en vain que son premier chirurgien, M. de la Martinière, lui déclara qu'il en serait quitte pour trois jours de lit, qu'un simple particulier se lèverait dès le lendemain en robe de chambre, le roi fit apporter l'extrême-onction et se prépara à la mort. Il fallut, pour lui rendre quelque force et un peu d'assurance, que son écuyer, M. de Landsmath, lui donnât, en un langage plus énergique, les mêmes assurances que son premier chirurgien. Ce M. de Landsmath était un vieux soldat, très brave, couvert de blessures, dont la rudesse et la franchise s'accommodaient mal des usages de la Cour; il en usait avec les courtisans comme avec ses soldats, et, dans l'Œil-de-bœuf, se croyait encore à sa caserne. Le roi l'aimait beaucoup. En apprenant la tentative d'assassinat, il court auprès de Louis XV, chasse de sa chambre la dauphine et Mesdames, ces « pleureuses qui ne font que du mal au roi », et, s'adressant à son maître : « Allons, votre blessure n'est rien ; vous aviez force vestes et gilets. Toussez, crachez. » Le roi obéit. « Rassurez-vous, la blessure n'est rien, il vous a manqué. Moquez-vous de tout cela ; dans quatre jours, nous forcerons un cerf. » Puis, ouvrant son habit et découvrant sa poitrine : « Voyez ces grandes cicatrices, voilà qui compte ! Ces blessures étaient des abreuvoirs à mouches, et me voilà ; dans deux jours vous n'y penserez plus. — Mais si le fer est empoisonné ? — Vieux contes que tout cela ! Si la chose était possible, la veste et les gilets auraient nettoyé le fer de quelques mauvaises drogues. » M. de Landsmath ne quitta Louis XV qu'après l'avoir complètement rassuré, et la nuit fut bonne.

Le 10 janvier, le roi, complètement guéri, reçoit et joue au tri ; mais à un courtisan qui lui marque sa joie, l répond : « Je voudrais qu'il m'en eût coûté un bras, et que ceci ne fût point arrivé. Oui, le corps va bien, mais la tête va mal, et ceci est impossible à guérir. » Et à un autre : « La plaie est plus profonde que vous ne le croyez, elle va jusqu'au cœur. » Ce qui fait dire au duc de Luynes : « Le roi paraît frappé sérieusement de cet événement-ci. »

Mme de Pompadour en fut frappée plus sérieusement encore, et l'on peut croire que ses angoisses pendant les jours qui suivirent l'attentat développèrent sa maladie de cœur. En novembre 1757, elle se trouvait si mal, qu'elle faisait son testament. Elle lutta jusqu'au bout, dissimulant sous d'épaisses couches de blanc et de rouge les tons d'ivoire de son visage décharné, voilant sa maigreur ous les artifices de la toilette, et se cachant du roi pour cracher le sang. Un voyage de plaisir à Choisy l'acheva, et on la ramena expirante à Versailles, bien que l'étiquette permît aux seules princesses de mourir dans le palais. Quelques heures avant sa mort, elle s'entretient encore avec Janelle, qui lui rend compte du secret de la poste; puis, lorsqu'elle se sent à bout de forces et de souffle, elle dit au curé de la Madeleine, qui s'apprête à retourner à Paris : « Un moment, Monsieur le curé, nous nous en irons ensemble. » La marquise de Pompadour mourut le 15 avril 1764; elle n'était âgée que de quarante-trois ans. Il pleuvait lorsqu'on emporta le corps au couvent des Capucines de la place Vendôme, et Louis XV, qui suivait du regard le sombre cortège, ne trouva que ce mot : « Madame la marquise aura aujourd'hui un mauvais temps pour son dernier voyage. » Ce fut toute l'oraison funèbre du roi. Le lendemain, la marquise était oubliée, et Marie Leczinska écrivait au président Hénault : « Il n'est non plus question ici *de ce qui n'est plus* que si elle n'avait jamais existé. Voilà le monde, c'est bien la peine de l'aimer ! »

En 1768, le roi de Danemark vint à Versailles, où son désir de plaire et sa préoccupation constante de dire à chacun quelque parole aimable firent regretter de tous son départ.

La même année, le 24 juin, la reine, malade depuis

deux années, s'éteignait doucement, un peu consolée peut-être de la longue indifférence du roi par l'amitié dont il lui donna des preuves pendant sa dernière crise. Marie Leczinska était âgée de soixante-cinq ans.

La mort de la reine causa moins d'émotion à la Cour que la présentation de Mme Dubarry n'y provoqua de scandale. Le duc de Choiseul fut des plus ardents, et son opposition alla jusqu'à la fureur. « Personne, a-t-il écrit, ne put croire dans le premier moment à un éclat aussi infâme, parce que personne, jusqu'alors, n'avait jugé le roi. » Néanmoins, la présentation eut lieu le 22 avril 1769. « La comtesse du Barry est enfin présentée à Sa Majesté, à Mesdames, au Dauphin et aux Enfants de France par la comtesse de Béarn. Cet événement excita de grands murmures à Paris comme à Versailles. Le lendemain, dimanche, elle assista à la messe du roi dans la chapelle du château, à la même place qu'avait occupée avant elle la feue marquise de Pompadour. Elle était superbement vêtue et des plus riches en diamants. On remarqua qu'il y avait ce jour, à la suite du roi, fort peu de seigneurs et de dames de la Cour, mais qu'en récompense Sa Majesté était accompagnée d'un cortège d'évêques assez nombreux. Après la messe, la comtesse parut au couvert de Mesdames et à celui de Monsieur le dauphin [1]. »

[1]. Hardy.

L'année qui suivit cette présentation fut marquée par l'entrée de Madame Louise aux Carmélites et le mariage du dauphin.

Ce fut l'archevêque de Paris, M. de Beaumont, qui se chargea d'annoncer à Louis XV la vocation de sa fille et de lui arracher son consentement. « Quoi ! c'est vous, Monsieur l'archevêque, s'écria le roi, qui m'apportez une pareille nouvelle ? » Et comme l'archevêque, interdit, restait immobile et muet, Louis XV, appuyé sur le dos de son fauteuil, la tête dans ses mains, murmurait : « C'est cruel !... c'est cruel !... » Enfin, regardant M. de Beaumont en face : « Si Dieu me la demande, je ne puis pas la lui refuser. Je répondrai dans quinze jours. » Louis XV se résigna à cette séparation ; Madame Louise entra aux Carmélites le 11 avril 1770, et prononça ses vœux le 1er octobre 1771.

Ce fut à Mme Louise, devenue sœur Thérèse de Saint-Augustin, que Marie-Antoinette voulut faire sa première visite, en se rendant de Compiègne à Versailles. Il lui fallut ensuite souper avec Mme du Barry, au château de la Muette, où elle répondit à ceux qui la questionnaient au sujet de la comtesse, « qu'elle la trouvait charmante ».

Le 16 mai 1770, Marie-Antoinette arrive à Versailles, vers neuf heures du matin, pour y faire sa toilette. Après avoir reçu la visite du roi, qui lui présenta Mme Elisabeth, le comte de Clermont et la princesse de Conti, elle se rend, à son tour, à l'appartement de Louis XV, d'où le cortège se dirige vers la chapelle. La foule y était énorme; tout Paris avait voulu voir la future reine, et l'on payait des carrosses jusqu'à trois louis et des chevaux jusqu'à deux louis, pour aller à Versailles. Le public s'entassait sur des gradins à six rangs placés au pourtour du sanctuaire et dans les tribunes. Un amphithéâtre, dressé dans la tribune du roi, recevait les grands dignitaires de Versailles, et l'on avait monté un autre amphithéâtre en face de la tribune du roi, dans le salon de la chapelle, d'où l'on voyait passer la Cour. La bénédiction nuptiale fut donnée par l'archevêque de Reims; les évêques de Senlis et de Chartres tenaient le poêle de brocart d'argent.

La dauphine reçut ensuite le serment des grands officiers de sa maison, et Mme de Noailles lui présenta les ambassadeurs et les ministres des cours étrangères.

A trois heures, le ciel se couvrit de nuages; des torrents de pluie inondèrent Versailles, de violents coups de tonnerre retentirent, et la foule des curieux qui remplissaient les jardins fut obligée de s'enfuir. La soirée fut triste dans la ville; on ne tira pas le feu d'artifice et les averses noyèrent les illuminations. Au château, on servit un repas magnifique; une table de vingt-deux couverts était dressée dans la salle de l'Opéra, dont on avait relevé le plancher à la hauteur de la scène. « Une balustrade en marbre [1], avec ornements d'or, entourait la table à distance et séparait des spectateurs les officiers qui servaient. Un salon de musique

Mme DUBARRY

où jouaient soixante musiciens, en forme d'arcade, avait été établi dans la partie de l'avant-scène bordant le théâtre. L'arcade reposait sur des colonnes de mar-

1. De Goncourt, *Histoire de Marie-Antoinette*.

bre séracolin aux bases, aux chapiteaux, aux roseaux d'or, et les colonnes étaient séparées par de grandes glaces, contre lesquelles s'élevaient des tables de marbre chargées de trophées de musique dorés. Au milieu des archivoltes, des groupes de génies portaient les chiffres du dauphin et de la dauphine. » La foule des courtisans était immense. Dans le nombre des personnages qui furent présentés à la dauphine, il se trouva nombre de seigneurs qu'elle avait vus à la cour de Vienne, ce qui lui donna occasion de dire à la princesse de Chimay : « On m'avait bien annoncé que rien n'était comparable à la magnificence de la Cour de Versailles ; mais on ne m'avait pas dit qu'elle était le point de réunion des personnes qu'on connaît et de toutes celles qu'on doit désirer connaître. »

Les fêtes commencèrent le lendemain, 17 mai, par l'inauguration de la nouvelle salle de l'Opéra où l'on donna *Persée*. « Le 19, le bal paré avait lieu dans trois grandes galeries tendues de brocart bleu et argent, garnies de colonnes de marbre vert campan, de candélabres supportant des enfants chargés des attributs de l'amour, de guirlandes de fruits en argent sur fonds d'émeraude encadrés d'or. Au sortir du bal paré, le roi donnait le signal pour tirer le feu d'artifice qui devait avoir lieu le 16 et qu'avait retardé le mauvais temps. On tirait un feu composé de dix mille fusées volantes, de mille gros pots à feu, de vingt-quatre bombes, qui, au milieu de leurs feux et de leurs éclatements, laissaient apercevoir un temple de l'Hymen. Une charmante illumination suivait toute semée de dauphins lumineux[1]. » Le roi, s'adressant à l'abbé Terray, contrôleur des finances, lui demanda comment il trouvait ces fêtes. « Oh! Sire, je les trouve impayables! » Il est probable qu'elles ne furent pas payées, car on ne payait plus rien, mais elles étaient réellement fort belles. Plus de cent soixante mille lampions brûlaient dans les jardins ; le pourtour du bassin d'Apollon était décoré de grandes arcades et de pyramides ; on avait élevé, à l'entrée du canal, un temple dont le fronton supportait un soleil de cent quatre-vingts pieds de circonférence, et le canal était couvert de gondoles aux agrès chargés de lanternes. Les feux brûlaient dans les bosquets, dans les allées, et l'on dansait dans la salle des Marronniers, dans la salle du Bal, tandis que Nicolet dressait son théâtre dans le bosquet du Dauphin. Le 21, il y eut bal masqué dans la Grande Galerie, dans les salons d'Hercule, de Mercure, des Tribunes, « où les masques admiraient les jolis enguirlandements de fleurs autour des lustres de cristal. Enfin, le 24 mai, *Athalie* était jouée avec toute la pompe imaginable et le talent de Mlle Clairon qui, retirée du théâtre, consentait à jouer ce jour-là[2] ».

Au mois de février 1771, Gustave III, roi de Suède, est reçu à Versailles sous le nom de comte de Goth-

---

1. *Journal des spectacles de la Cour.*
2. *Ibid.*

land. Le 9, il soupe à la table du roi ; le 12, il assiste au bal de la dauphine ; le 18, il chasse.

Le 14 mai de la même année, le comte de Provence épousa Marie-Josèphe-Louise de Savoie. Le roi tint, le 14 et le 15, apppartement dans la Galerie, où l'on joua au lansquenet. Un souper avec grand couvert fut ensuite servi dans la salle de l'Opéra, et il y eut, dans le parc, des illuminations et un feu d'artifice. Le 16, le 25, le 29, le 31 mai et le 5 juin, on représenta divers ballets et comédies ; le 20, il y eut bal paré.

Le mariage du comte d'Artois avec Marie-Thérèse de Savoie fut célébré le 16 décembre 1773, dans la chapelle de Versailles, et fut l'occasion de fêtes en tous points semblables à toutes celles que nous venons de décrire.

L'année suivante était la dernière du règne de Louis XV, qui mourut le 10 mai 1774.

Le 27 avril, étant au Trianon, le roi ressentit de violentes douleurs de tête et des frissons, ce qui ne l'empêcha point de suivre la chasse, en carrosse. La nuit fut mauvaise, mais le premier médecin ordinaire, Lemonnier, ne crut pas à la gravité du mal, sachant que le roi s'effrayait d'un rien et se plaignait sans la moindre cause. Mme Dubarry partagea d'autant plus aisément l'opinion de Lemonnier qu'elle s'assurait un long tête-à-tête avec le roi, et le duc d'Aumont, premier gentilhomme de la chambre, écarta tout le monde pour faire sa cour à la favorite. La famille royale n'osait pas pénétrer dans la chambre de Louis XV sans y avoir été invitée, mais le premier chirurgien, La Martinière, passa outre et, malgré la Dubarry, ramena le roi à Versailles. « Il faut enrayer, » dit Louis XV à La Martinière ; « il faut dételer, » répondit brusquement le chirurgien. On dut saigner le roi à deux reprises et faire venir les médecins, les chirurgiens les plus célèbres ; le malade leur répétait sans cesse : « Vous me dites que je ne suis pas mal, et que je serai bientôt guéri, mais vous n'en pensez pas un mot ; vous devez me le dire. » Les autres affirmaient qu'ils ne ressentaient aucune crainte, mais le roi ne s'en plaignait, n'en criait pas moins. Il ne parlait que de lui, quand il parlait, mais parlait peu. Il se faisait tâter le pouls six fois dans une heure par les quatorze médecins qui l'entouraient. Ces aigles lui découvraient cent maladies, hors la véritable, et il fallut l'éruption pour leur ouvrir les yeux : le roi avait la petite vérole. On fit sortir le dauphin, le comte de Provence, le comte d'Artois, mais il fut impossible d'emmener Mesdames, dont le dévouement fut admirable. Les courtisans, désireux de plaire à Mme Dubarry, s'en allaient répétant que ce ne serait rien, que le roi était bien préparé, ce qui fit dire : « Écoutez ces messieurs qui sont charmés parce que le roi a la petite vérole. — Sandis ! riposta le médecin Bordeu, c'est apparemment qu'ils héritent de lui. La petite vérole à soixante-quatre ans, avec le corps du roi, c'est une terrible maladie[1] ! »

---

[1]. M. le comte de Riancey vient de publier une note fort intéressante

Toute la cour s'était rendue au château, et l'Œil-de-bœuf ne désemplissait plus. Le dauphin avait résolu de s'éloigner avec la famille royale aussitôt après la mort de Louis XV, et l'on donna l'ordre aux gens de service dans la chambre du roi d'éteindre une bougie placée auprès de la fenêtre au moment même où Louis XV rendrait le dernier soupir.

« La bougie fut éteinte à trois heures un quart, dit Mme Campan ; à ce signal, les gardes du corps, les

---

sur les derniers moments de Louis XV. C'est un court récit qu'il a emprunté à l'un de ses grands-parents, gentilhomme de la chambre du roi, témoin oculaire des faits suivants :

« Nul n'ignore la maladie dont le roi était atteint et l'abandon où il était réduit. Les médecins lui avaient recommandé de ne pas se découvrir, considérant comme mortelle l'infraction à cette précaution. Quand Louis XV sentit sa fin approcher, il demanda les sacrements, et, après s'être confessé, il se prépara à recevoir le viatique. Au moment où parut à la porte de sa chambre l'aumônier qui portait le Saint-Sacrement, le Roi rejeta avec vivacité ses couvertures et s'efforça de s'agenouiller en s'appuyant sur le devant de son lit. On lui rappela l'injonction des médecins : « Quand mon « grand Dieu fait à un misérable comme moi l'honneur de le venir trouver, « c'est le moins qu'il soit reçu avec respect ; » et il fallut l'obliger à se laisser recoucher. Il communia avec beaucoup de ferveur et d'humilité.

« L'agonie commença presque aussitôt après. Il est d'usage, on le sait, quand les rois de France sont à leur dernière heure, d'ouvrir toutes les portes du palais et de permettre au peuple de s'approcher jusqu'à la chambre du monarque agonisant. Il s'était présenté quelques personnes, et l'aumônier récitait l'amende honorable que, d'après la pieuse coutume de la maison de Bourbon, le roi adresse à Dieu et à ses sujets pour toutes les fautes de sa vie. Il y avait un passage où il était dit, à peu près : « Je « demande pardon à mon peuple des scandales que je lui ai causés. » A cet endroit, Louis XV, dont la voix était presque étouffée, se retourna péniblement sur son oreiller et dit : « Monsieur l'aumônier, répétez ces « mots, répétez-les. » Son désir fut accompli, et peu d'instants après il expira. »

pages, les écuyers, montèrent à cheval, tout fut prêt pour le départ. Le dauphin était chez la dauphine ; ils attendaient ensemble la nouvelle de la mort de Louis XV. Un bruit terrible et absolument semblable à celui du tonnerre se fit entendre dans la première pièce de l'appartement : c'était la foule des courtisans qui désertaient l'antichambre du souverain expiré pour venir saluer la nouvelle puissance de Louis XVI. A ce bruit étrange, Marie-Antoinette et son époux reconnurent qu'ils allaient régner, et, par un mouvement spontané qui remplit d'attendrissement ceux qui les entouraient, tous deux se jetèrent à genoux ; tous deux, en versant des larmes, s'écrièrent : « Mon Dieu, guidez-nous, « protégez-nous, nous régnons trop jeunes ! » Mme la comtesse de Noailles entra, la salua la première comme reine de France, et demanda à Leurs Majestés de vouloir bien quitter les cabinets intérieurs pour venir dans la chambre recevoir les princes et tous les grands officiers qui désiraient offrir leurs hommages à leurs nouveaux souverains... Les voitures avancèrent, les gardes, les écuyers étaient à cheval, le château resta désert.

« En sortant de la chambre de Louis XV, le duc de Villequier, premier gentilhomme de la chambre d'année, enjoignit à M. Andouillé, premier chirurgien du roi, d'ouvrir le corps et de l'embaumer. Le chirurgien devait nécessairement en mourir. « Je suis prêt, répliqua Andouillé ; mais, pendant que j'opérerai, vous tiendrez la tête, votre charge vous l'ordonne. » Le duc s'en alla sans mot dire, et le corps ne fut ni ouvert ni embaumé. Quelques serviteurs subalternes et de pauvres ouvriers [1] restèrent près de ces restes pestiférés ; ils rendirent les derniers devoirs à leur maître ; les chirurgiens prescrivirent de verser de l'esprit de vin dans le cercueil. »

Le corps de Louis XV fut conduit sans cérémonie à Saint-Denis. « Le 27 juillet, dit la *Gazette de France*, on célébra dans l'église de l'abbaye royale de Saint-Denis le service solennel pour le repos de l'âme du feu roi. Le corps avait été descendu quelques jours après sa mort, suivant l'usage observé pour les rois qui meurent de la petite vérole, mais la représentation était placée sur un magnifique catafalque, sous un grand pavillon, au milieu d'une chapelle ardente éclairée par un grand nombre de cierges. »

VERSAILLES SOUS LOUIS XVI

Versailles est encore, de nom, la résidence officielle du gouvernement ; de fait, ce n'est plus qu'un séjour d'exception, un lieu d'ennui, où la famille royale s'enferme le moins possible.

Louis XVI tourne, forge et chasse ; de 1774 à 1787,

---

1. La décomposition du corps de Louis XV fut telle, qu'on fut obligé de s'adresser aux vidangeurs de Versailles pour le mettre dans la bière. (De Goncourt.)

il a tué 1,274 cerfs et abattu 189,251 pièces de gibier de toutes sortes. La reine supprime l'étiquette « qui faisait de Versailles l'épouvante de tous les étrangers ».

LOUIS XVI

Elle vit, elle s'isole dans des côteries de favorites qui forment comme une petite Cour, très fermée, dans la grande. Comme elle ne s'occcupe que des personnes admises dans son intimité, ne parle qu'à elles seules et semble ignorer jusqu'à la présence des autres courtisans, le vide se fait autour de Marie-Antoinette. On ne vient plus à ses bals, son cercle reste désert, et, le 4 décembre 1776, au premier bal de l'hiver, c'est tout au plus si l'on trouve une douzaine de danseuses. A partir de 1778, la noblesse a déserté la Cour; c'est une sorte de première émigration à l'intérieur.

La jeune reine va aux courses de chevaux avec le comte d'Artois, inaugure ces promenades nocturnes dans le parc qu'exploiteront les pamphlétaires et dont Mme de la Motte tirera parti pour duper le cardinal de Rohan. On joue la comédie, on donne des concerts chez la duchesse de Polignac, chez la comtesse Diane, chez Mme d'Ossun, chez la reine; toujours et partout, c'est la côterie qui règne et gouverne; elle applaudit aux coiffures extravagantes de Léonard, et pousse Marie-Antoinette aux longues conférences avec sa marchande de modes, Mlle Bertin. Le jeu devient effrayant, en dépit des remontrances de Louis XVI. La reine a « un goût immodéré pour le jeu », écrit Mercy-Argenteau, et il ajoute : « les parties sont devenues quelquefois tumultueuses et indécentes; elles ont occasionné de la part de ceux qui tiennent la banque des reproches à quelques femmes de la Cour sur le peu d'exactitude de leur façon de jouer... Les pertes augmentent, les finances de la reine en sont entièrement épuisées. » Comme on veut à tout prix des joueurs, on admet tout le monde, et les fripons coudoient les grands seigneurs ; un jour, on remet au banquier un rouleau de jetons pour un rouleau de louis ; un autre, on vole au comte de Dillon son portefeuille renfermant 500 louis.

Les tantes du roi critiquent avec la dernière âpreté la conduite de la reine, et ce sont elles qui font rédiger, qui répandent les plus odieux pamphlets contre Marie-Antoinette ; poussés par elles, les comtes de Provence et d'Artois refusent de faire leur cour au roi et à la reine. « On ne distingue plus, dit Mercy-Argenteau, lequel des trois princes est le souverain. Dans les occasions publiques, le comte d'Artois passe vingt fois devant le roi, le poussant, lui montant sur les pieds, sans la moindre attention et d'une façon vraiment choquante. »

La royauté abdique. Louis XVI dans sa forge, Marie-Antoinette au Petit-Trianon, oublient et exigent qu'on oublie autour d'eux que ce serrurier et cette bergère gouvernent la France. Les princes, les princesses de la famille royale, la noblesse ébranlent à plaisir ce trône qui semble inoccupé, et il suffira à la Révolution de le pousser du pied pour qu'il se disloque et s'effondre.

Il n'y eut pas de fêtes à la Cour avant l'année 1775, Louis XV étant mort en 1774. Le 19 février, l'archiduc Maximilien, frère de la reine, vint à Versailles ; il y eut comédie dans le salon d'Hercule, opéra, bal et souper. Le 27, le Manège fut transformé en un champ de foire, et la Cour se promena dans sept rues bordées de boutiques, de cafés et encombrées de différents spectacles.

Le 5 mai de la même année, Louis XVI tint un lit de justice à Versailles à l'occasion des brigandages exercés sur les blés.

Le 6 août 1775, la comtesse d'Artois mit au monde le duc d'Angoulême; et, le 21 août, Madame Clotilde épousa par procuration le prince de Piémont, plus tard roi de Sardaigne sous le nom de Charles-Emmanuel II.

L'empereur Joseph II vint à Versailles le 19 avril 1777; il y vécut incognito sous le nom de comte de Falkenstein et joua si bien son rôle qu'il refusa l'hospitalité de la reine sa sœur et descendit, rue du Vieux-Versailles, n° 6, à l'*Hôtel du Juste*. Il soupa fréquemment au château, mais sans apparat, dans l'intimité, et fut fort scandalisé, nous apprend Mercy-Argenteau, de la façon dont les comtes de Provence et d'Artois en usaient avec Louis XVI. « Le souper (du 21 avril) fut plus que gai de la part du roi et des deux princes ses frères. Ils se mirent tellement à leur aise, qu'au lever de table ils s'amusèrent à des enfantillages, à courir dans la chambre, à se jeter sur les sophas, au point que la reine et les princesses en furent embarrassées à cause de la présence de l'empereur, qui, sans paraître faire attention à ces incongruités, continuait la conversation avec les princesses. Madame, dans un mouvement d'impatience, appela son époux et lui dit qu'elle ne l'avait jamais vu si enfant. Tout cela se termina cependant de bonne grâce, sans que l'empereur eût laissé remarquer la surprise que lui avait causée un si étrange spectacle. »

L'année 1778 fut surtout marquée par des naissances; le 24 janvier, la comtesse d'Artois mit au monde le duc de Berry, et, le 19 décembre, la reine donna le jour à son premier enfant, la future duchesse d'Angoulême.

« J'ai caché mes larmes pour ne pas troubler leur joie, » écrivait Marie-Antoinette après la naissance du duc de Berry. La reine veut devenir mère, donner un dauphin à la France; mais, jusqu'en 1777, elle ne conçoit aucune espérance de maternité. Enfin, dans les derniers mois de cette même année, la reine disait à Mme Campan et à son beau-père que, « les regardant comme des gens occupés de son bonheur, elle voulait recevoir leurs compliments; qu'enfin elle espérait bientôt avoir des enfants ». Le 16 mai 1778, ses vœux furent exaucés, et Marie-Antoinette écrivit à Marie-Thérèse : « J'ai été si longtemps sans oser me flatter du bonheur d'être jamais mère, que je le sens bien plus vivement à cette heure, et qu'il y a des moments encore où je crois que tout cela est un songe, mais ce songe se prolonge pourtant et je crois qu'il n'y a plus de doute à avoir. » Louis XVI en fut ravi, et Mme Campan raconte que jamais on ne vit d'époux plus unis et plus heureux; le caractère du roi était entièrement changé; prévenant, soumis, il dédommageait la reine « des peines que son indifférence lui avait fait éprouver pendant les premières années de leur union ». Et Mme Campan ajoute : « L'été de 1778 fut extrêmement chaud; la reine, incommodée par son état, passait les jours entiers dans ses appartements exactement fermés, et ne pouvait s'endormir qu'après avoir respiré l'air frais de la nuit, en se promenant, avec les princesses et ses frères, sur la terrasse au-dessous de son appartement. Ces promenades ne firent aucune sensation; mais on eut l'idée de jouir, pendant ces belles nuits d'été, de l'effet d'une musique à vent, les musiciens de la Chapelle eurent l'ordre d'exécuter des morceaux de ce genre sur un gradin que l'on fit construire au milieu du parterre. La reine, assise sur un des bancs de la terrasse, avec la totalité de la famille royale, à l'exception du roi qui n'y parut que deux fois, n'aimant point à déranger l'heure de son coucher, jouissait de l'effet de cette musique. Rien de plus innocent que ces promenades, dont bientôt Paris, la France, et même l'Europe, furent occupés de la manière la plus offensante pour la reine; les contes les plus scandaleux ont été faits et imprimés dans les libelles du temps; rien n'était plus faux que ces bruits calomnieux. Cependant, il faut l'avouer, ces réunions avaient de graves inconvénients. J'osai le représenter à la reine; mes avis furent inutiles. La reine, abusée par le plaisir qu'elle trouvait dans ces promenades et par la sécurité que donne une conduite sans reproche, ne voulut point croire aux fatales conséquences qu'elles devaient nécessairement avoir. Ce fut un grand malheur; car, outre les désagréments qu'elle en éprouva, il est bien probable qu'elles ont donné l'idée du mauvais roman qui occasionna la funeste erreur du cardinal de Rohan. »

Le 19 décembre 1778, vers une heure et demie du matin, la reine, subitement réveillée, sonna ses femmes et envoya chercher Mme de Lamballe. Le roi fut prévenu vers trois heures; la famille royale était introduite, et les princes, les princesses, le garde des sceaux, les ministres, les secrétaires d'État, la maison du roi, la maison de la reine, passèrent la nuit dans les pièces qui tenaient à la chambre de Marie-Antoinette; la Cour emplissait la galerie et le salon de jeu. L'attente se prolongea pendant de longues heures; Madame ne vint au monde qu'un peu avant midi. L'étiquette ordonnait que la naissance des enfants du roi fût publique. Sous Louis XIV, il régnait un ordre parfait dans la chambre de la reine, et la décence y était observée, autant qu'elle pouvait l'être avec une aussi étrange coutume; sous Louis XVI, l'appartement de Marie-Antoinette offrit le tumulte et la cohue d'un carrefour où la foule se rue à un spectacle. Écoutons Mme Campan : « L'usage de laisser entrer indistinctement tout ce qui se présentait au moment de l'accouchement des reines fut observé avec une telle exagération, qu'à l'instant où son médecin Vermond dit à haute voix : « La reine va accoucher, » les flots de curieux qui se précipitèrent dans la chambre furent si nombreux et si tumultueux, que ce mouvement pensa faire périr la reine. Le roi avait eu, dans la nuit, la précaution de faire attacher avec des cordes les immenses paravents de tapisserie qui environnaient le lit de Sa Majesté; sans cette précaution, ils auraient à coup sûr été renversés sur elle. Il ne fut plus possible de remuer dans la chambre; elle se trouva remplie d'une foule si mélangée, qu'on pouvait se croire dans une place publique. Deux Savoyards montèrent sur des meubles pour voir plus à leur aise la reine placée en face de la cheminée, sur un lit dressé pour le moment de ses couches... Le sang se porta à la tête, la bouche se tourna, Vermond cria : « De l'air, de l'eau chaude ! Il faut une « saignée au pied ! » Les fenêtres avaient été calfeutrées; le roi les ouvrit avec une force que sa tendresse pour la reine pouvait seule lui donner, ces fenêtres étant d'une très grande hauteur et collées avec des bandes de papier dans toute leur étendue. Le bassin d'eau chaude n'arrivant pas assez vite, Vermond dit au premier chirurgien de la reine de piquer à sec; il le fit, le sang jaillit avec force, la reine ouvrit les yeux. On eut peine à retenir la joie qui succéda si rapidement aux plus vives alarmes. On avait emporté la princesse de Lamballe sans connaissance. Les valets de chambre, les huissiers prenaient au collet les curieux indiscrets qui ne s'empressaient pas de sortir pour dégager la chambre. Ce cruel usage fut pour toujours aboli ! »

Pour n'omettre aucun des événements de cette année 1778, signalons l'arrivée à Versailles, le 20 mai, de Franklin, l'un des ambassadeurs des colonies anglaises révoltées; il fut présenté à Louis XVI.

Après Franklin, venu pour obtenir l'appui de la France, la Fayette, qui va s'enrôler parmi les insurgés américains. Ce fut le 29 février 1780 que le futur geôlier de Louis XVI aux Tuileries vint prendre congé du roi, à Versailles.

En 1781, nouvelle visite de Joseph II, toujours sous le nom de comte de Falkenstein.

Le 22 octobre de la même année, la reine mit au monde le premier dauphin, mort en 1789. « Il régna un si grand silence dans la chambre au moment de la naissance, dit Mme Campan, que la reine crut n'avoir encore qu'une fille; mais après que le garde des sceaux eut constaté le sexe du nouveau-né, le roi s'approcha du lit de la reine, et lui dit : « Madame, vous « avez comblé mes vœux et ceux de la France ; vous « êtes mère d'un dauphin. » La joie du roi était extrême, des pleurs coulaient de ses yeux, il présentait indistinctement sa main à tout le monde, et son bonheur l'avait entièrement fait sortir de son caractère habituel. Gai, affable, il renouvelait sans cesse les occasions de placer les mots : « mon fils », ou « le « dauphin ». La reine, une fois dans son lit, voulut contempler cet enfant si désiré. Mme la princesse de Guéménée le lui porta. La reine lui dit qu'elle n'avait pas besoin de lui recommander ce dépôt précieux... Le dauphin, établi dans son appartement, reçut dans son berceau les hommages et les visites d'usage. Le duc d'Angoulême, rencontrant son père à la sortie de l'appartement du dauphin, lui dit : « Mon Dieu, « papa, qu'il est petit, mon cousin ! — Il viendra un « jour où vous le trouverez bien assez grand, mon fils, » lui répondit presque involontairement le prince.

« La joie fut universelle ; on s'arrêtait dans les rues, on se parlait sans se connaître, on embrassait tous les gens que l'on connaissait. Les fêtes furent aussi brillantes qu'ingénieuses. Les arts et métiers de Paris dépensèrent des sommes considérables pour se rendre à Versailles, en corps, avec leurs différents attributs. Des vêtements frais et élégants formaient le plus agréable coup d'œil; presque tous avaient de la musique à la tête de leurs troupes ; arrivés dans la cour Royale, ils se la distribuèrent avec intelligence, et donnèrent le spectacle du tableau mouvant le plus curieux. Des ramoneurs, aussi bien vêtus que ceux qui paraissent sur le théâtre, portaient une cheminée très décorée, au haut de laquelle était juché un des plus petits de leurs compagnons; les porteurs de chaises en avaient une très dorée, dans laquelle on voyait une belle nourrice et un petit dauphin; les bouchers paraissaient avec leurs bœufs gras; les pâtissiers, les maçons, les serruriers, tous les métiers étaient en mouvement; les serruriers frappaient sur une enclume; les cordonniers achevaient une petite paire de bottes pour le dauphin; les tailleurs, un petit uniforme de son régiment, etc... Le roi resta longtemps sur son balcon pour jouir de ce spectacle, qui intéressa toute la Cour. L'enthousiasme fut si général que, la police ayant mal surveillé l'ensemble de cette réunion, les fossoyeurs eurent l'impudence d'envoyer aussi leur députation et les signes représentatifs de leur sinistre profession. »

Madame Sophie mourut le 3 mars 1782. Le 20 mai suivant, des fêtes et un bal furent donnés dans la galerie des Glaces au grand-duc et à la grande-duchesse de Russie, voyageant sous le nom de comte et comtesse du Nord.

Le 19 septembre 1783, M. de Montgolfier lance, dans la grande cour du château, en présence de la famille royale, des membres de l'Académie des sciences, un ballon dont la nacelle renfermait un mouton, un coq et un canard. Il s'agissait de savoir si l'on peut respirer dans les hautes régions de l'atmosphère; l'expérience réussit à souhait. Le ballon, après avoir atteint à une très grande hauteur, descendit lentement dans les bois de Vaucresson, à 5,400 mètres de son point de départ, sans que les animaux eussent souffert en rien de cette ascension.

Le 23 juin 1784, Pilâtre des Rozier et le professeur de chimie Proust lancèrent, en présence du roi et de la reine, de la famille royale et du roi de Suède, voyageant sous le nom de comte de Haga, une montgolfière qui devait les emporter. « Le vent Sud-Ouest étant très considérable à l'heure indiquée pour le départ, le roi ordonna qu'il fût différé jusqu'à quatre heures; il permit alors, sur l'assurance qui lui fut donnée que les voyageurs ne couraient aucun risque, que l'expérience eût lieu. Après les travaux nécessaires pour disposer le départ de la montgolfière, le feu fut mis dessous; il était quatre heures et demie, et elle fut entièrement développée à quatre heures trois quarts. Cette machine, de forme ovoïde et de 86 pieds de haut sur 230 pieds 6 pouces de circonférence, était composée de trois parties, savoir : d'une calotte formée de 1,540 peaux de mouton de 4 pieds de diamètre, d'un cylindre renfermant 74 lés de toile de coton de 3 pieds 3 pouces de large sur 24 pieds de haut, et d'un cône construit de 60 fuseaux et 14 lés intermédiaires. Une galerie de 54 pieds de circonférence extérieure y était fixée par 12 cordes, et un réchaud de 3 pieds et demi de diamètre sur 2 pieds de haut était suspendu au milieu de la galerie.

« A cinq heures moins dix minutes, la machine fut lancée; elle s'éleva très majestueusement par une diagonale, en offrant tout à la fois un spectacle agréable et imposant ; et en continuant très lentement cette marche ascensionnelle, elle entra dans les nuages et disparut pour tous les spectateurs jusqu'à trois fois dans l'espace de sept minutes. Dix-sept minutes après le départ, on la vit disparaître dans le lointain, suivant d'abord une route horizontale ; puis, après être montée et descendue, décrire une parabole jusqu'au lieu de sa chute, qui fut déterminée par les voyageurs à cinq heures trente-deux minutes du soir, dans le dernier carrefour de la forêt de Chantilly, distant de Versailles d'environ treize lieues, et où les voyageurs, quoiqu'il leur restât du combustible pour aller plus loin, ont cru devoir descendre, dans la crainte de ne pas trouver un endroit aussi favorable [1]. »

L'année 1785, qui vit la naissance du duc de Normandie, mort au Temple en 1795, fut marquée par cette honteuse comédie du collier que les ennemis de la reine exploitèrent pour déverser sur elle, avec une nouvelle violence, l'injure et la calomnie. On trouve dans toutes les histoires le récit détaillé de cette fatale affaire ; nous y renvoyons nos lecteurs.

En 1786, l'archiduc Ferdinand, frère de la reine, l'archiduchesse sa femme, le duc et la duchesse de Saxe-Teschen, vinrent rendre visite à Marie-Antoinette. Le 26 décembre, Haüy présenta au roi ses jeunes aveugles.

1. *Gazette de France.*

Le 22 février 1787, les notables s'assemblent aux Menus-Plaisirs; c'est le prologue de la Révolution. Le 6 août, le roi tient un lit de justice à Versailles pour faire enregistrer l'impôt du timbre et la subvention territoriale.

Le 10 août 1788, réception par Louis XVI des ambassadeurs du dernier sultan de Mysore, Tippou-Saheb. Le roi les attend, environné des princes de sa famille et des grands dignitaires, dans le salon d'Hercule. « Le trône, dit la *Gazette de France*, était placé sur une estrade élevée de huit marches et adossée à la cheminée. L'on avait construit deux tribunes dans l'embrasure des portes, le reste du salon était garni de gradins pour les seigneurs et les dames de la Cour. La reine avait précédé le roi, et s'était placée dans la tribune à gauche. Le roi, étant monté sur son trône, a donné ordre aux officiers des cérémonies d'aller chercher les ambassadeurs indiens... Ils marchaient sur la même ligne, ayant à leur droite le sieur de Nantouillet, maître des cérémonies; à leur gauche, le sieur de Watronville, aide des cérémonies. Ils étaient précédés par le sieur Delaunay, le sieur Ruffin, secrétaire interprète du roi. Arrivés à la porte du salon d'Hercule, le sieur Delaunay, chargé de leur lettre de créance, l'a remise au chef de l'ambassade, qui l'a portée sur ses mains jusqu'au pied du trône. Avant d'y parvenir, il a fait, ainsi que ses collègues, trois révérences, l'une à l'entrée du salon, l'autre au milieu et la troisième au pied de l'estrade. Le roi s'est découvert à cette dernière révérence. Les ambassadeurs se sont avancés ensemble vers le trône. Alors Mouhammed-Derviche-Khan a remis au roi leur lettre de créance, et tous les trois ont présenté à Sa Majesté, sur des mouchoirs, vingt et une pièces d'or, ce qui est, dans les usages du pays, l'hommage du plus profond respect. Sa Majesté a accepté une de ces pièces de chacun d'eux. Ensuite, Mouhammed-Derviche-Khan a prononcé une harangue qui a été traduite et répétée par le sieur Ruffin. Cette harangue finie, le sieur de la Luzerne, ministre et secrétaire d'État, ayant le département de la marine, s'est approché du trône, et a reçu des mains du roi la lettre de créance, qu'il a déposée sur une petite table couverte de drap d'or et placée à cet effet sur l'estrade; après quoi, Sa Majesté a fait sa réponse aux ambassadeurs, qui en ont reçu l'explication par le sieur Ruffin. Les ambassadeurs, soutenus par les sieurs Delaunay, Pivron et Dubois, sont descendus en arrière jusqu'au dernier degré de l'estrade, où ils ont fait une révérence. Après avoir fait quelques pas de la même manière, ils en ont fait une seconde. Arrivés à la porte du salon, ils se sont arrêtés, et ont fait demander au roi la permission de jouir un instant du spectacle brillant et majestueux qu'offrait le salon d'Hercule. Après avoir satisfait leur curiosité, ils ont fait un dernier salut. »

Le 6 novembre de la même année, eut lieu la seconde assemblée des notables dans la grande salle des Gardes.

Nous voici arrivés à 1789 ; l'agonie de la royauté commence, le triomphe de la Révolution s'apprête, un nouveau monde va surgir des ruines de l'ancien.

« Les députés du Tiers, dit Mme Campan, arrivaient à Versailles avec les plus fortes préventions contre la cour. Les méchants propos de Paris ne manquant jamais de se répandre dans les provinces, ils croyaient que le roi se permettait les plaisirs de la table jusqu'à des excès honteux[1] ; ils étaient persuadés que la reine épuisait les trésors de l'Etat pour satisfaire au luxe le plus déraisonnable ; presque tous voulurent visiter le Petit-Trianon. L'extrême simplicité de cette maison de plaisance ne répondant pas à leurs idées, quelques-uns insistèrent pour qu'on leur fît voir jusqu'aux moindres cabinets, disant qu'on leur cachait les pièces richement meublées. Enfin, ils en indiquèrent une qui, selon eux, devait être partout ornée de diamants, avec des colonnes torses, mélangées de saphirs et de rubis. La reine ne pouvait revenir de ces folles idées, et en entretint le roi qui, à la description que ces députés avaient faite de cette chambre aux gar-

---

1. Lorsqu'il chassait à Rambouillet, le roi, n'aimant pas à découcher, partait de ce rendez-vous de chasse après son souper ; il s'endormait profondément dans sa voiture, et n'était réveillé qu'au moment de son arrivée dans la cour Royale. Il mettait pied à terre, en chancelant, comme un homme mal éveillé, ce qui avait été pris pour de l'ivresse. De là ce qu'on racontait sur son prétendu goût pour la boisson.

diens du Trianon, jugea qu'ils cherchaient la décoration de diamants de composition qui avait été faite, sous le règne de Louis XV, pour le théâtre de Fontainebleau. La plupart des députés, arrivés avec des préventions dues à l'erreur ou semées par la malveillance, se logèrent chez les plus petits particuliers de Versailles, dont les propos ne contribuèrent pas peu à entretenir ces préventions. »

Le 2 mai 1789, les députés des États généraux sont présentés au roi dans le salon d'Hercule ; chaque ordre paraît séparément.

Le 4 mai, eut lieu la procession générale du Saint-Sacrement, qui devait précéder l'ouverture des Etats.

Le mardi 5 mai 1789, Versailles est en fête. Vêtue de ses habits du dimanche, la foule envahit les rues, encore pavoisées de la veille, et les larges avenues. Sur la route de Paris, où une armée de piétons s'avance en rangs serrés, les voitures se succèdent sans relâche. Les sentiers qui serpentent à travers bois, les chemins couverts de poussière sur lesquels le soleil flamboie, ressemblent à des torrents où un flot humain pousse sans cesse un autre flot. A travers champs, les fermiers s'avancent escortés de leurs valets ; des villes, des hameaux, des villages, on s'est mis en marche, et tous se dirigent vers le même rendez-vous : l'hôtel des Menus-Plaisirs. C'est là que ces grandes masses s'entassent, difficilement contenues par les gardes de la prévôté, les Suisses et les gardes du corps.

Les cœurs battent, les yeux brillent, les mains s'étreignent, on s'embrasse sans se connaître, on pleure de joie; c'est de la folie, du délire! Tous les maux vont finir et l'âge d'or va naître. Encore quelques minutes, et le roi viendra, entouré des princes du sang, de sa cour, des grands dignitaires du royaume, présider à l'ouverture de ces États généraux qui sauront plaider et gagner la cause du peuple.

Dans la foule, circulent les colporteurs vendant à bas prix des images grossièrement enluminées qui, toutes, reproduisent, commentent les vœux de la nation. L'une représente un homme du peuple, véritable bête de somme qui porte sur son dos un gentilhomme et un prêtre; l'autre, « la fermière en corvée », ployant sous le poids d'une religieuse et d'une dame de qualité; et ces deux infortunés s'écrient : « Il faut espérer que ce jeu-là finira bientôt! » Puis, c'est « l'œuf à la coque » porté par le tiers, tandis que le clergé et la noblesse y trempent leurs mouillettes. Ceci, c'est le passé; d'autres images prédisent l'avenir : l'abbé et la religieuse portent à leur tour le fardeau, tandis que la fermière et « l'homme de basse extraction » se réjouissent : « J' savais ben que j'aurions not' tour. » Quant à l'œuf, on l'a placé dans un coquetier, et le tiers, la noblesse, le clergé, y trempent fraternellement leurs mouillettes. Chacun veut avoir de ces images, et l'on se dispute avec non moins d'ardeur les médailles qui rappelleront ce grand jour. Mal frappées, en étain pour la plupart, leur prix est modique. D'un côté, la tête du roi se détache en relief ; de l'autre, un bras soutient la couronne royale, et, au-dessous du bras, cette légende : « Le *Tir* État la soutiendra, vive le roy pour le bonheur de son *pueple*. »

L'hôtel des Menus-Plaisirs était une création de Louis XV, qui l'avait fait bâtir à l'angle de l'avenue de Paris et de la rue des Chantiers pour y loger les divers ateliers et le matériel des Menus-Plaisirs. On entendait par là tout ce qui se rapporte aux exercices du corps, aux concerts et aux spectacles, tandis que la chasse et ses accessoires composaient les Grands-Plaisirs. Dans cet hôtel, un bâtiment très vaste, qui devait servir de magasin et se trouvait encore sans emploi, parut des plus propres à recevoir les notables, en 1787. Le duc de Duras, l'un des premiers gentilshommes de la chambre, fut chargé par Louis XVI de le mettre en état ; il s'en rapporta au duc de la Ferté, commissaire de la maison du roi pour les Menus-Plaisirs, lequel se borna à surveiller les travaux dont le dessinateur du cabinet, Paris, eut la direction effective, et à confier l'ameublement au commissaire général du garde-meuble de la couronne, M. Thierry de Ville-d'Avray. Ce fut là que les États généraux siégèrent à leur tour.

Construit sur un terrain élevé, ce magasin dominait l'hôtel des Menus et se trouvait exactement au niveau de son premier étage. On jeta un pont sur le fossé qui les séparait ; le roi eut son entrée particulière dans

l'avenue de Paris et son cabinet au premier étage de
l'hôtel des Menus-Plaisirs. Le pont franchi, il se trouvait dans la salle des États. Les députés et le public
entraient par la rue des Chantiers, encombrée d'un
vestibule en planches, faisant office de vestiaire, que le
peuple appelait « les maisons de bois de l'assemblée ».

Nous allons laisser à Grimm le soin de nous raconter cette séance, à laquelle il assistait, en nous bornant à compléter, chemin faisant, son récit.

« Commençons par donner une idée du local. C'est
une grande et belle salle de cent vingt pieds de longueur sur cinquante-sept de largeur, en dedans des
colonnes : ces colonnes sont cannelées, d'ordre ionique, sans piédestaux, à la manière grecque ; l'entablement est enrichi d'oves, et au-dessus s'élève un plafond percé en ovale dans le milieu. Le jour principal
qui vient par cet ovale était adouci par une espèce
de tente en taffetas blanc. Dans les deux extrémités de
la salle, on a ménagé deux jours pareils qui suivent la
direction de l'entablement et la courbe du plafond.
Cette manière d'éclairer la salle y répandait partout
une lumière douce et parfaitement égale, qui faisait
distinguer jusqu'aux moindres objets, en donnant aux
yeux le moins de fatigue possible. Dans les bas côtés,
on avait disposé pour les spectateurs, des gradins, et,
à une certaine hauteur, des travées ornées de balustrades[1]. L'extrémité de la salle, destinée à former

1. Dès le matin, avant neuf heures, il n'y avait plus de gradins, plus de

l'estrade pour le roi et pour la Cour, était surmontée d'un magnifique dais, dont les retroussis étaient attachés aux colonnes. Cette enceinte, élevée de quelques pieds en forme de demi-cercle, était tapissée tout entière de velours violet, semé de fleurs de lis d'or. Au fond, sous un superbe baldaquin, garni de longues franges d'or, était placé le trône. Au côté gauche du trône, un grand fauteuil pour la reine [1] et des tabourets pour les princesses; au côté droit, des pliants pour les princes; au pied du trône, à gauche, une chaise à bras pour le garde des sceaux; à droite, un pliant pour le grand chambellan. Au bas de l'estrade, était adossé un banc pour les secrétaires d'Etat, et devant eux, une grande table couverte d'un tapis de velours violet; à droite et à gauche de cette table, il y avait des banquettes recouvertes de velours violet semé de fleurs de lis d'or. Celles de la droite étaient destinées aux quinze conseillers d'Etat et aux vingt maîtres des requêtes invités à la séance; celles de la gauche, aux gouverneurs et lieutenants généraux des provinces.

tribunes qui ne fussent occupés. Ces places pouvaient contenir plus de deux mille spectateurs. On avait réservé pour les dames de la Cour les galeries des deux côtés de l'estrade; les autres galeries ainsi que les travées étaient remplies par les habitants de Paris, de Versailles et des environs. A l'exception de l'entre-colonne, destiné aux ministres étrangers, toute la première rangée de banquettes était réservée aux dames qui rehaussaient l'éclat de ce spectacle par l'élégance et la richesse de leurs toilettes.

1. Ce fauteuil, placé deux degrés plus bas que le trône, ne se trouvait point sous le dais; la reine en pleura de colère.

Dans la longueur de la salle, à droite, étaient d'autres banquettes pour les députés du clergé; à gauche, pour ceux de la noblesse, et dans le fond, en face du trône, pour ceux des communes. Tous les planchers de la salle étaient recouverts des plus beaux tapis de la Savonnerie.

« C'est dans cette salle qu'entre neuf et dix heures, M. le marquis de Brézé et deux maîtres des cérémonies commencèrent à placer les députations suivant l'ordre de leurs bailliages [1]; chacun des membres fut conduit à sa place par un officier des cérémonies; cet arrangement employa plus de deux heures. En attendant, les conseillers d'Etat, les gouverneurs, les lieutenants généraux des provinces, les ministres et serviteurs d'Etat vinrent prendre aussi leurs places au milieu de l'enceinte du parquet. Lorsque M. Necker parut, il fut vivement applaudi : M. le duc d'Orléans [2] le fut deux fois, et lorsqu'on le vit arriver avec les députés de Crépy en Valois [3], et lorsqu'il insista pour faire passer

    1. Les députés étaient appelés par gouvernement, et suivant l'ordre établi en 1614. Chaque députation, parvenue à l'entrée de la salle, était divisée, par le maître des cérémonies, qui conduisait le clergé à droite, la noblesse à gauche, et le tiers en face du trône.
    2. Le duc d'Orléans offrait de parier cent louis que les États généraux s'en iraient sans avoir rien fait, sans même avoir aboli les lettres de cachet.
    3. Le roi lui demanda pourquoi il n'avait pas pris place au rang des princes du sang. « Sire, répondit le duc d'Orléans, ma naissance me met toujours dans le cas d'être près de Votre Majesté, c'est pourquoi je crois devoir prendre rang au sein de la noblesse, dont j'ai l'honneur d'être un des représentants. » Le tiers admira et loua beaucoup cette réponse.

devant lui le curé de sa députation. On applaudit aussi d'une manière très distinguée les députés du Dauphiné[1]. Quelques mains se disposaient à rendre le même hommage à la députation de Provence ; mais elles furent arrêtées par un murmure désapprobateur, dont l'application personnelle ne put échapper à la sagacité de M. le comte de Mirabeau[2].

« Les nobles[3] étaient en manteau noir relevé d'un parement d'étoffe d'or, la veste analogue au parement, les bas blancs, la cravate de dentelle et le chapeau à plumes blanches retroussé à la Henri IV ; les cardinaux en chape rouge, les archevêques et évêques, placés sur la première banquette du clergé[4], en rochet,

---

[1]. « Lorsqu'on avait fait l'appel nominal, par bailliage, il s'était élevé des applaudissements pour plusieurs députés connus ; Mounier, Chapelier, Rabaud de Saint-Étienne et beaucoup d'autres avaient reçu ces marques d'approbation ; mais au nom de Mirabeau, il s'était fait une rumeur d'une espèce bien différente, c'était une huée et non pas un applaudissement. » (Dumont.)

[2]. « Aucun nom, excepté celui de Mirabeau, n'est connu dans les six cents députés du tiers. L'opinion qu'on a de son esprit est singulièrement augmentée de la peur que fait son immoralité. Il est difficile de ne pas le regarder longtemps quand on l'a une fois aperçu ; son immense chevelure le distingue entre tous, on eût dit que sa force en dépendait, comme celle de Samson. » (Mme de Staël.)

[3]. La députation de la noblesse est composée d'un prince du sang, 269 gentilshommes, dont 28 magistrats de cours souveraines et de bailliages. La noblesse qui est en deuil porte l'habit de drap noir, avec le manteau à revers de drap, bas noirs, cravate de mousseline, boucles et épée d'argent, chapeau à plumes blanches. Les anoblis, qu'on voyait en grand nombre dans les rangs de la noblesse, portaient d'assez mauvaise grâce le panache.

[4]. La députation du clergé est composée de 48 archevêques ou évêques, 3t bbés ou chanoines, 208 curés. Les ducs et pairs n'avaient cherché

camail, soutane violette et bonnet carré ; les députés du tiers état[1] en habit noir, manteau court, cravate de mousseline, chapeau retroussé de trois côtés, sans ganses ni boutons[2]. Les ministres d'épée avaient le même habit que les députés de la noblesse ; les ministres de robe, leur costume ordinaire. M. Necker était le seul acteur de ce grand spectacle qui fût en costume de ville ordinaire, pluie d'or, sur un fond cannelle, avec une riche broderie en paillettes.

« Le roi d'armes avec quatre hérauts revêtus de leurs cottes d'armes se tinrent debout à l'entrée de la salle pendant toute la cérémonie. Il y avait un garde du corps, l'arme au bras, dans chaque tribune et dans chaque entre-colonne.

« Après que tout le monde fut placé, on alla avertir

aucune place distincte de la noblesse, mais les archevêques et les évêques affectèrent de se placer sur des bancs particuliers et de former un corps épiscopal. Les doyens, chanoines, curés et autres députés du second ordre du clergé, en soutane, manteau long et bonnet carré. — Les archevêques et les évêques, en deuil de famille, portaient la soutane et le camail noir ; les autres membres du clergé, le rabat blanc et la ceinture de crêpe.

1. La députation du tiers état est composée de 2 prêtres, 12 gentilshommes, 18 maires ou consuls, 162 magistrats de divers tribunaux, 272 avocats, 16 médecins, 176 négociants, propriétaires ou cultivateurs. Les membres du tiers, en deuil, portaient le manteau de laine, les manchettes effilées, les boucles noires et la cravate de batiste. — Un député du tiers état avait gardé l'habit, le gilet et la ceinture du Bas-Breton ; c'était le cultivateur Michel Gérard, député de Saint-Martin-de-Rennes, en Bretagne.

2. Ce chapeau ressemblait à celui des quakers, appelé « chapeau Clabaud. » L'amour-propre des députés du tiers état était offensé, non seulement de la trop grande simplicité de leur costume, mais encore de la dénomination de leurs chapeaux.

le roi [1] et la reine [2] qui arrivèrent aussitôt précédés et suivis des princes et princesses de leur cortège. Le roi se plaça sur son trône, la reine à sa gauche [3]; les princes et les princesses formèrent un demi-cercle autour de Sa Majesté. Au moment où le roi entra, toute l'assemblée se leva, la salle retentit d'applaudissements,

1. Le roi, en manteau, après avoir entendu la messe dans la chapelle, sortit du château dans ses voitures de cérémonie, escorté des détachements de sa maison militaire, à cheval. Dans la voiture du roi se trouvaient le comte d'Artois, le prince de Condé et le duc de Bourbon. La voiture entra dans la cour d'honneur de l'hôtel des Menus-Plaisirs, au fond de laquelle un grand escalier menait dans un vestibule conduisant à la salle; le roi le gravit avec sa suite. Louis XVI, après s'être reposé quelques instants dans ses appartements, pénétra dans la salle, précédé des hérauts d'armes et entouré de tous les princes de sa famille, en manteau.

2. « La reine était vêtue avec la plus touchante simplicité. Pas un seul diamant sur toute sa personne. Point de boucles d'oreilles, point de collier. Ses bracelets n'étaient que deux rangs de perles. Sa robe, de taffetas blanc, laissait voir quelques franges d'or, et sa coiffure, surmontée de trois plumes et d'une aigrette, eût paru mesquine, si les grâces naturelles de son maintien et de son ensemble n'étaient venues s'y joindre pour l'embellir » (Lafont d'Aussonne). « La modestie de son maintien, la majestueuse sérénité répandue sur ses traits, les pleurs qui, malgré elle, sillonnaient son visage, présentaient l'image la plus belle et la plus attendrissante, on en fut ému, enivré; toutes les mains applaudirent, toutes les bouches crièrent : « Vive la reine ! » (Hue).

3. « La veille, les pressentiments de la reine acquirent un tel degré de terreur qu'elle aborda le roi pour lui dévoiler le triste état de son âme. Elle lui révéla d'importants secrets sur les projets de la faction maçonnique, lui demanda de feindre une maladie, de traîner les choses en longueur, de rétablir les finances en vendant les domaines et les diamants de la couronne, toutes les pierreries et richesses du garde-meuble, d'accepter l'offre de M. de Béthisy, évêque d'Uzès, et de l'archevêque de Toulouse, M. de Fontanges, de la moitié des revenus du haut clergé pour dix ans et l'autorisation d'emprunter sur ses domaines, les offres semblables de l'ordre de Malte. Le roi refusa disant que, toute sa vie, on le trouverait fidèle à ses engagements » (Lafont d'Aussonne).

de battements de mains, de cris de : Vive le roi! marqués par l'effusion de cœur la plus touchante et l'attendrissement le plus respectueux. A cette bruyante explosion succéda le plus profond silence, et ce silence auguste et majestueux dura tant que le roi se tint debout pour donner à la cour le temps de se placer[1]. Le roi, revêtu du grand manteau royal, couvert d'un chapeau à plumes dont la ganse était enrichie de diamants et dont le bouton était le *Pitt*, ne tarda pas à remplir l'attente qui, dans ce moment, tenait tous les regards, tous les esprits en suspens, et, pour ainsi dire, immobiles. Après avoir levé son chapeau et s'être recouvert, il lut[2] avec beaucoup de dignité un discours également sage et paternel[3]; ce discours fut interrompu à deux

---

1. Le soleil, jusqu'alors obscurci par d'épais nuages, se montra tout à coup ; il enveloppa de ses rayons le roi et le trône.

2. Lorsque le roi se leva pour parler, la reine se leva aussi. Louis XVI l'invita à s'asseoir ; elle lui demanda la permission de rester debout. Ce fut dans cette attitude, les yeux collés contre terre, qu'elle entendit avec un religieux recueillement le discours que le roi prononça.

3. Lorsque l'ouverture des États généraux fut fixée, ce qui préoccupa le plus le roi fut le discours d'ouverture qu'il devait y prononcer. Comme il était fort modeste, il se méfiait toujours de ses propres lumières dans les moments difficiles ; aussi pria-t-il chacun des membres de son conseil de lui faire un modèle de discours. Il étudia avec soin ces divers documents, y prit ce qu'il y trouva de meilleur, et composa une harangue qui n'était point, paraît-il, parfaite. Ce fut, du moins, l'opinion de la reine qui y trouva fort à redire, et ses critiques piquèrent si bien Louis XVI au vif, qu'il finit par s'écrier : « Eh bien! faites vous-même ma harangue! » Marie-Antoinette le prit au mot et lui présenta, le lendemain, un discours dont il fut si satisfait qu'il n'y retoucha que fort peu de choses. Il répétait souvent ce discours pour être maître des intonations de sa voix ; il le prononça avec une expression très nette et l'émotion la plus touchante.

ou trois reprises par des acclamations qui semblaient involontaires et dont une émotion douce et respectueuse faisait oublier l'inconvenance ; l'accent avec lequel Sa Majesté en prononça les dernières phrases, prouve qu'elle partageait elle-même les sentiments dont l'expression de ses bontés venait de remplir tous les cœurs. Le roi termina son discours en annonçant que son garde des sceaux allait expliquer plus amplement ses intentions, et qu'il avait ordonné au directeur général des finances d'en exposer l'état à l'assemblée. M. le garde des sceaux s'étant approché du trône et ayant pris les ordres du roi, revint à sa place et dit à haute voix : « Le roi permet qu'on s'asseye « et qu'on se couvre. » Les trois ordres s'assirent et se couvrirent[1]. Le nuage de plumes blanches qui parut s'élever dans ce moment sur une grande partie de la salle offrit encore un coup d'œil assez extraordinaire pour ne pas être oublié.

« Le discours de M. le garde des sceaux ne put être entendu que du petit nombre d'auditeurs placés auprès de lui. Le rapport de M. le directeur général des finances a tenu près de trois heures[2]. Il n'a pu en lire lui-même que la première partie ; sentant que sa voix ne pouvait

---

1. Quand le roi eut terminé son discours, il se couvrit ; la noblesse et le clergé se couvrirent aussi, selon l'usage et leur privilège ; presque tout le tiers état se couvrit également, pour affirmer l'égalité des trois ordres. La noblesse et le clergé firent entendre un murmure d'indignation, et le roi se découvrit pour ne pas accroître le scandale.
2. Necker le débita d'un ton sec, avec l'accent d'un pédagogue.

plus se faire entendre, il a demandé au roi la permission d'en faire achever la lecture, et c'est M. Broussonnet, secrétaire de la Société royale d'agriculture, qui s'en est acquitté avec un organe très sonore. Je ne pense pas que jamais discours aussi long, et, par la nature même des objets qu'il traitait, aussi ennuyeux[1], du moins pour la plus grande partie des auditeurs, ait été cependant écouté avec une attention plus vive et plus soutenue[2].

« Après la lecture de ce discours, le roi s'est levé et s'est tenu debout pendant quelques instants; ensuite, Sa Majesté est sortie, suivie et précédée de la Cour, de son cortège, aux acclamations de toute l'assemblée.

1. « Pas de grandes vues, pas de plans de maître, point de décision sur les moyens de soulager le peuple, point de nouveaux principes de gouvernement à adopter; c'est un discours tel qu'on pourrait l'attendre d'un commis de banquier un peu instruit. Necker savait que sa voix ne lui permettrait pas de lire son discours tout entier dans une si grande salle et dans une assemblée si nombreuse; c'est pourquoi il avait parlé à M. Broussonnet pour qu'il se tînt prêt à le lire pour lui. Il avait assisté à une assemblée générale de la société d'agriculture quand M. Broussonnet avait lu un discours de manière à être entendu distinctement à la plus grande distance; celui-ci l'avait vu plusieurs fois pour prendre ses instructions et pour s'assurer qu'il comprenait bien toutes les ratures, même après avoir achevé son discours. M. Broussonnet était encore avec lui à neuf heures du soir, la veille de l'assemblée des États, et le lendemain, quand il vint pour lire le discours en public, il trouva encore plus de corrections et de changements que Necker avait fait après l'avoir quitté. C'était principalement dans le style, et cela montrait combien il attachait d'importance à la forme et à l'ornement de son sujet » (Young).

2. L'hommage que Necker offrit au roi, en terminant, provoqua les plus vifs applaudissements; ce fut, d'ailleurs, le seul passage qui réussit, car ce discours ne satisfit personne.

Les cris de : Vive la reine ! se sont mêlés aux cris de : Vive le roi ! et les applaudissements d'une foule immense ont accompagné Leurs Majestés jusqu'au château[1]. »

C'était dans cette grande salle des Menus-Plaisirs que devait délibérer le tiers état, et qu'il délibéra sous les yeux d'un millier de citoyens, tandis que le clergé et la noblesse discutaient à huis-clos dans leurs salles trop étroites pour recevoir le public. Il en résulta que les députés populaires, soutenus par la foule, encouragés à la résistance, poussés à tout entreprendre, ne faiblirent jamais dans leur lutte contre le roi et les deux ordres privilégiés ; il en résulta aussi que les spectateurs s'en allèrent partout colporter leurs discours, que les journaux les reproduisirent, et que le pays s'habitua à considérer l'assemblée du tiers état comme la véritable assemblée nationale. Lorsque les ministres, la noblesse et le haut clergé s'aperçurent du péril, il était trop tard. La noblesse décida bien de faire agrandir le local de ses délibérations pour y installer des tribunes publiques, mais on sait qu'elle capitula avant qu'on eût donné le premier coup de pioche. Necker, perdant la tête, imagina de supposer un accident, un éboulement des terres, un enfoncement des caves des Menus, et de faire tomber, pendant

1. « En sortant de la séance, les députés des trois ordres se plaignent de ce que M. Necker a traité les États généraux comme une administration provinciale, en ne leur parlant que des mesures à prendre pour garantir la dette de l'État et perfectionner le système des impôts » (Mme de Staël).

la nuit, la charpente de la grande salle ; mais on l'en détourna en lui démontrant les dangers d'une pareille entreprise. Il fallait cependant mettre un terme à cet état de choses, et lorsque, le 19 juin 1789, le clergé eut voté la réunion à la Chambre des Communes, la Cour pressa le roi d'agir. On ne trouva rien de mieux que d'annoncer une séance royale et de fermer la salle des Menus sous prétexte de préparatifs. Le 20 juin, le tiers état s'en vit refuser l'entrée par les gardes françaises, et tout ce que put obtenir Bailly fut d'y pénétrer pour quelques instants avec ses secrétaires et d'y prendre divers papiers. Pendant ce temps, les députés du tiers arrivaient en foule, ils délibéraient en plein air, ne sachant où se réunir, lorsque le docteur Guillotin s'écria : « Rendons-nous au jeu de paume de la rue Saint-François ! » Bailly, trouvant l'avis excellent, s'y rallia. « Je marchais, dit-il, à la tête de cette foule de députés, qui d'abord étaient séparés par pelotons et qui peu à peu s'étaient réunis. Dans la crainte que quelque raison politique ne nous en fît fermer l'entrée, je priai cinq ou six députés de se détacher et d'aller s'emparer du jeu de paume. » Ils ne rencontrèrent aucune résistance ; on improvisa un bureau pour le président, au moyen d'une porte mise en travers sur deux tonneaux, et les secrétaires se servirent d'établis de menuisiers en guise de tables.

La salle du Jeu de paume fut construite en 1686, moyennant la somme de 45,503 livres ; elle fut inaugurée par le dauphin, le 3 décembre. « Elle n'était achevée que depuis trois jours. » M. Vatel nous apprend que « le plafond était peint en bleu et orné de fleurs de lis d'or. Les murs étaient peints en noir, suivant l'usage, pour qu'on vît mieux la blancheur des balles ; un filet à hauteur de ceinture divisait la salle en deux ; des galeries en garnissaient trois faces. Au-dessus de la porte ouvrant sur la rue de l'Hôtel-de-Lorge [1], était sculpté en ronde bosse le soleil rayonnant, emblème choisi par Louis XIV dès 1662. Deux portes en chêne, ouvrant sur la rue du Jeu-de-Paume, donnaient accès dans la salle ; la plus voisine de la rue du Vieux-Versailles, celle portant l'emblème de Louis XIV, était précédée d'un perron de trois marches en pierre. On accédait par deux autres portes de l'allée d'entrée dans la salle du jeu de paume. »

Ce fut dans cette salle que se réunirent les députés du tiers état. Vers dix heures et demie, l'assemblée étant au complet, la séance fut ouverte. La discussion, d'abord confuse, puis orageuse, menaçait de dégénérer en tumulte, lorsque Mounier proposa à l'assemblée d'ajourner tout débat et de se lier par un serment contre une tentative de dissolution et de coup d'État [2].

---

[1]. L'hôtel de Lorge était situé au coin de la rue du Vieux-Versailles, n° 14, et de la rue du Jeu-de-Paume.

[2]. Voici la version de Mallet du Pan : « Rendus au Jeu de Paume, toutes les têtes étant parties, l'abbé Sieyès voulut profiter de cet échauffement en proposant de se transférer sur-le-champ à Paris, de s'y constituer et de décréter au nom de la nation. Cette idée prenait faveur ; l'abbé Sieyès,

La motion fut acclamée, Barnave et Le Chapelier rédigèrent la formule du serment, et la passèrent à Bailly qui, debout sur une table, en donna lecture : « Nous jurons de ne jamais nous séparer et de nous réunir partout où les circonstances l'exigeront, jusqu'à ce que la Constitution du royaume soit établie et affermie sur des fondements solides. » Toutes les mains se levèrent d'un mouvement unanime, toutes les bouches répétèrent la formule du serment, et tous les députés, à l'exception du seul Martin d'Auch, apposèrent leurs signatures au procès-verbal, rédigé en double [1].

La séance fut ensuite levée et renvoyée au lundi 22; mais le Tiers ne retourna pas au Jeu de paume. « On avait pour ce jour, dit Bailly, l'espérance de la réunion de la majorité du clergé [2]; on jugea que le Jeu de paume n'était pas un lieu convenable pour que le clergé vînt nous y trouver, et comme il était du plus grand intérêt que rien ne retardât cette réunion imposante, on chercha un autre local. » On proposa l'église des Récollets; mais les religieux parurent se soucier médiocrement d'offrir un asile au Tiers, et ils trouvèrent un moyen ingénieux de décliner l'honneur qu'on

entouré des siens, allait en faire la motion, lorsque Mounier, pour détourner ce coup, proposa le serment de rester unis jusqu'à la Constitution faite. Ce fut donc une mesure forcée de sa part et indispensable dans la circonstance. »

1. Un exemplaire, de la main de Camus, est déposé aux archives générales; l'autre a trouvé place dans les archives du Palais-Bourbon.

2. Le 20 juin, tandis que le tiers état s'assemblait au Jeu de Paume, le clergé se réunissait dans une des salles de la Mission.

leur voulait faire. Ils prétendirent savoir du marquis de Brézé que la salle des Menus-Plaisirs était libre, et pendant que les députés s'y rendaient en toute hâte, ils fermèrent leur église et en barricadèrent les portes. Le Tiers-État se réunit à l'église Saint-Louis, et ce fut là que, vers une heure, cent quarante-neuf membres du clergé et deux membres de la noblesse, le marquis de Blacons et le comte d'Agoult, députés du Dauphiné, vinrent faire vérifier leurs pouvoirs en commun. Les États généraux avaient vécu, la Constituante allait naître, et la royauté allait mourir. Encore quelques mois, et le château de Versailles, découronné, décapité, ne sera plus qu'un palais désert, voué à la pioche des démolisseurs, et ne survivra que par miracle à la monarchie.

Le Jeu de paume devint le *Temple du Serment*, et Gilbert Romme, qui devait mourir de la Révolution, comme tant d'autres révolutionnaires, fonda une « société du Serment du Jeu de Paume ». Le 20 juin 1790, elle posa solennellement la table de bronze enchâssée d'une bordure de marbre vert antique sur laquelle sont gravés les termes du serment. « L'inscription a été scellée avec des pierres tirées des fondements de la Bastille, que la Société a apportées à cet effet. Les artistes qui ont travaillé à ce monument sont de la Société [1]. »

Le 18 décembre 1791, les Amis de la Constitution

---

1. Procès-verbal de l'inauguration.

de Versailles placèrent au-dessous de cette table de bronze cette autre inscription : « Ils l'avaient juré, ils ont accompli leur serment[1]. »

Sur la proposition de Chénier, la Constitution décréta, le 28 octobre 1793, la maison du Jeu de paume monument national, et ordonna d'écrire sur ses murs : « La ville de Versailles a bien mérité de la patrie. »

En 1799, l'Institut fournit cette inscription que l'on plaça sur la façade : « Dans ce Jeu de Paume, le 20 juin 1789, les députés du peuple, repoussés du lieu ordinaire de leurs séances, jurèrent de ne point se séparer qu'ils n'eussent donné une constitution à la France, ils ont tenu parole. »

Sous la Restauration, le Jeu de paume devint un magasin de décors, et la table de bronze de Gilbert Romme fut retournée. Sous Louis-Philippe, on replaça l'inscription commémorative du serment, et la salle devint un atelier où Horace Vernet peignit la « Prise de la Smalah » et la « Bataille d'Isly ». Sous le Consulat, elle avait déjà reçu la même destination ; Bonaparte, premier consul, l'avait mise à la disposition de Gros pour y peindre « les Pestiférés de Jaffa » et « la Bataille d'Aboukir ». Le 24 mars 1848, Ledru-Rollin, ministre de l'intérieur décrète : « La salle du Jeu de paume, à Versailles, est classée parmi les monuments historiques. » Sous l'Empire, le Jeu de paume

---

[1]. La table de bronze a disparu ; mais l'inscription a été reproduite en 1880.

redevient un jeu de paume pour les officiers de la garde.

La salle a été restaurée, en 1880, par M. Edmond Guillaume, architecte du château. « Tout ce qui constituait l'ancienne salle, dit M. Vatel, a été scrupuleusement respecté. Seulement, au centre du mur oriental, au-dessus de l'inscription placée par Gilbert Romme, un édicule d'ordre dorique encadre la plaque du serment. Il se compose d'un fronton qui porte sur deux colonnes de marbre provenant du bosquet des Dômes. Au devant, sur la plate-forme où reposent les deux colonnes, la statue de Bailly en pied, lisant la formule du serment, par M. de Saint-Marceau. Autour de la salle, une frise, sur laquelle sont peints les noms des sept cents signataires du procès-verbal. Vingt bustes des hommes les plus éminents de l'assemblée sont rangés autour de Bailly. Sur le pignon intérieur, le tableau de David[1] peint en camaïeu par M. Olivier Merson. » Toutes les plaques et inscriptions ont été replacées ou restaurées ; on a remis les filets aux fenêtres, rétabli les anciennes portes et disposé les vitrines qui font de cette salle historique une manière de musée de la Révolution.

1. Le 28 octobre 1790, le club des Jacobins chargea David d'exécuter un grand tableau représentant la séance historique du Jeu de paume. Au salon de 1791, David exposa une esquisse contenant le projet complet de son tableau. Il en a fait deux dessins, l'un tracé à la plume et lavé au bistre, haut de 25 pouces et large de 36 ; l'autre au crayon qui a servi à l'exécution de la gravure. David voulait donner à son tableau des proportions inusitées ; il est resté à l'état de simple esquisse et ne peut être considéré que comme un carton.

Au milieu de ces orages, le dauphin mourut à Versailles le 4 juin 1789. « Ce jeune prince, dit Mme Campan, était tombé, en quelques mois, d'une santé florissante dans un rachitisme qui avait courbé l'épine de son dos, allongé les traits de sa figure, et rendu ses jambes si faibles qu'on le soutenait comme un vieillard caduc pour le faire marcher. »

Le 5 octobre 1789, Paris envahit Versailles.

Les femmes de Maillard, les hommes armés de piques, forment l'avant-garde; l'armée de La Fayette suit l'armée de Maillard. Le roi chasse à Meudon; la reine visite Trianon qu'elle ne reverra jamais. Louis XVI, prévenu, accourt, et, au comte de Luxembourg qui lui demande des ordres, il répond en souriant : « Allons donc, pour des femmes, vous vous moquez de moi ! » A l'Assemblée nationale, Mirabeau s'approche de Mounier, qui préside, et lui dit : « Paris marche sur nous; trouvez-vous mal, allez au château, donnez-leur cet avis; dites, si vous le voulez, que vous le tenez de moi; le temps presse, il n'y a pas une minute à perdre. — Paris marche, répond Mounier, tant mieux, qu'on nous tue tous, mais tous, l'État y gagnera. — Le mot est vraiment joli ! » riposte Mirabeau, en retournant à sa banquette.

Presque au même instant, la place d'Armes, les Menus-Plaisirs sont envahis, et Mounier se rend enfin au château. Des députés l'escortent. Louis XVI se résigne à donner des ordres ou à en laisser donner;

SALLE DU JEU DE PAUME

mais comme il ne croit pas au danger, tout se borne à quelques pointes poussées par les gardes du corps à travers la foule. On tire sur eux; ils tombent, blessés ou morts, et le régiment de Flandres, abandonné à lui-même, distribue ses cartouches à la garde nationale de Versailles. Au milieu de cette cohue, de cette émeute qui gronde, Mounier s'avance avec ses collègues; des femmes l'entourent, l'escortent, se mêlent aux députés, pour forcer, en leur compagnie, les portes du château. « Nous étions à pied, dit-il, dans la boue, avec une forte pluie. Une foule considérable d'habitants de Versailles bordait de chaque côté l'avenue qui conduit au château. Les femmes de Paris formaient divers attroupements, entremêlés d'un certain nombre d'hommes couverts de haillons pour la plupart, le regard féroce, le geste menaçant, poussant d'affreux hurlements. Ils étaient armés de quelques fusils, de vieilles piques, de haches, de bâtons ferrés ou de grandes gaules ayant à l'extrémité des lames d'épée ou des lames de couteau. De petits détachements de gardes du corps faisaient des patrouilles et passaient au grand galop, à travers les cris et les huées. J'appris en même temps que deux ou trois canons, amenés par les femmes de Paris et les hommes qui les avaient accompagnées, étaient placés sur l'avenue de Paris, et que ceux qui les environnaient arrêtaient les passants, leur demandant : « Ètes-vous pour la nation? » et, pour récompense de leur réponse affirmative, leur faisaient garder les canons avec eux.

« Une partie des hommes armés de piques, de haches et de bâtons s'approchèrent de nous pour escorter la députation. L'étrange et nombreux cortège dont les députés étaient assaillis est pris pour un attroupement; des gardes du corps courent en travers; nous nous dispersons dans la boue. Nous nous rallions et nous avançons ainsi vers le château. Nous sommes reçus avec honneur. Nous traversons les lignes, et l'on eut beaucoup de peine à empêcher la foule qui nous suivait de s'introduire avec nous. Au lieu de six femmes, à qui j'avais promis l'entrée du château, il fallut en admettre douze. »

Le roi, qui est en conseil, passe aussitôt dans sa chambre à coucher, parle aux femmes avec sa bonté accoutumée, signe tous les ordres qu'on lui demande afin d'assurer la subsistance de Paris, et les députés les emportent pour en donner lecture à l'Assemblée nationale.

Lorsqu'ils arrivent aux Menus-Plaisirs, la salle des séances est occupée par les amazones de Maillard et les hommes en guenilles; mêlées aux députés, qu'elles embrassent ou apostrophent, les femmes couvrent de leurs cris la voix des orateurs, les interrompent pour demander que le pain de quatre livres soit taxé à huit sols et la viande à six sols la livre; puis, une grande clameur s'élève : « Nous voulons entendre notre petite mère Mirabeau ! » C'est au milieu de ce vacarme que l'assemblée apprend la réponse du roi, et se sépare ensuite pour mettre fin au scandale.

Au dehors, la pluie tombe, l'émeute menace, les gardes nationaux de Versailles dirigent des feux de peloton contre les gardes du corps. Les boutiques sont fermées ; la foule grouille dans les rues noires où, de loin en loin, fume un réverbère, frappe à toutes les portes, se fait donner du vin et des vivres, tandis que « les poissardes, qui portent des tabliers blancs, crient qu'ils sont destinés à recevoir les entrailles de Marie-Antoinette, qu'elles s'en feront des cocardes, et mêlent les expressions les plus obscènes à ces horribles menaces[1] ».

Au château, Mounier est en conférence avec Louis XVI et lui arrache l'acceptation pure et simple de la Constitution, en lui déclarant que toute résistance sur ce point serait dangereuse. En traversant la place Royale, il annonce à la foule que le roi donne pleine et entière satisfaction aux représentants du peuple ; on l'applaudit, on l'acclame ; mais aussitôt on se ravise : « Quel profit en retirerons nous ? Cela nous vaudra-t-il du pain ? » Et Mounier donne l'ordre de ramasser tout le pain, tous les cervelas, toute l'eau-de-vie qu'on pourra trouver, et de les distribuer à la foule.

Chez la reine, les fidèles, les défenseurs de la royauté qui va périr, accourent offrir leur dévoue-

1. Mme Campan.

ment; « elle reçoit, dans son grand cabinet, un monde considérable, dit Weber, parle avec force et dignité à tout ce qui l'approche, et communique son

MIRABEAU

assurance à ceux qui ne peuvent lui cacher leurs alarmes : « Je sais qu'on vient de Paris pour demander « ma tête; mais j'ai appris de ma mère à ne pas craindre « la mort, et je l'attendrai avec fermeté. »

Vers dix heures, un lieutenant de La Fayette vient annoncer que la garde nationale approche, et le roi ordonne à la plus grande partie de ses gardes du corps de partir pour Rambouillet. En même temps, il fait prévenir Mounier qu'il désire le voir au château et le prie d'amener le plus grand nombre possible de députés, « pour se couvrir de l'inviolabilité des représentants de la nation »; mais la salle des Menus-Plaisirs est transformée en une sorte de cabaret où les hommes à piques et les poissardes dévorent le pain et les cervelas de Mounier, en les arrosant d'eau-de-vie ; il ne reste, mêlés à cette bande, que de rares représentants du peuple. Parmi eux, on remarque Mirabeau « avec un sabre en bandoulière par-dessus son habit, ce qui lui fit dire par M. de Valfond qu'il ne ressemblait pas mal à Charles XII ». Mounier fait convoquer ses collègues au bruit du tambour, et, lorsqu'ils sont rassemblés, La Fayette se présente. Le président lui ayant demandé quel était l'objet d'une pareille visite et ce que voulait son armée, il répondit : « Qu'il devait se rassurer; que la vue de ses soldats ne devait troubler personne ; qu'elle avait juré de ne faire et de ne souffrir aucune violence. » Au château, où il va en sortant de l'assemblée, il déclare « que Paris était fort tranquille, que sa troupe et lui n'étaient venus que pour veiller à la sûreté de la famille royale et de l'assemblée ».

Aux Menus-Plaisirs, on discute des lois criminelles ;

les femmes, les députés, les hommes à piques siègent pêle-mêle, confondus sur les mêmes bancs, et lorsqu'un orateur se hasarde à la tribune, cet auditoire, que les longs discours ennuient, le somme d'en déguerpir : « Pas tant de paroles, et du pain ! — Je voudrais bien savoir, s'écrie Mirabeau, pourquoi l'on se donne les airs de nous dicter ici des lois ! » On l'applaudit, mais le tumulte redouble.

La garde nationale occupe les postes du château, La Fayette dort, le roi et la reine se retirent dans leurs chambres, et, à deux heures du matin, tout repose au Palais et dans Versailles.

A cinq heures trois quarts, quelques femmes rôdent autour des grilles, trouvent des portes ouvertes, les franchissent sans rencontrer de résistance, appellent les hommes armés de piques, et l'émeute se rue à travers la cour des ministres et les passages intérieurs, écrasant, broyant les sentinelles, éventrant les gardes du corps que Nicolas, le *Coupeur de têtes,* décapite d'un coup de sa hache.

Les gardes résistent jusqu'au bout pour donner à la reine le temps de fuir; chaque porte devient une barricade dont des poitrines bouchent les brèches, et, en tombant, ces héros poussent tous le même cri : « Emmenez la reine, on en veut à ses jours ! »

Mme Thibault, la première femme de chambre, se précipite vers le lit de Marie-Antoinette : « Levez-vous, Madame ; ne vous habillez pas, sauvez-vous chez le roi ! » Elle lui jette un mantelet sur les épaules, lui passe un jupon sans le nouer, et l'entraîne vers l'Œil-de-bœuf par un long et étroit corridor intérieur qui conduit à la chambre du roi. Elles se heurtent à une porte fermée ; elles frappent, personne ne vient ; elles redoublent leurs appels, un domestique accourt enfin, la reine est sauvée !

Pendant que Marie-Antoinette se réfugie chez Louis XVI, le roi vole à son secours. Reveillé par son premier valet de chambre, M. Thierry de Ville-d'Avray, il a vu, « par la première fenêtre du cabinet de la Pendule, des femmes en grand nombre et des gens armés et habillés de toutes façons se précipiter à flots dans l'escalier qui monte à l'appartement de la reine » ; il a entendu les cris de ces bêtes féroces : « Nous voulons les boyaux de l'Autrichienne ! » A demi-vêtu, il gagne par un autre couloir la chambre de Marie-Antoinette, et n'y trouve que des gardes du corps.

Quelques minutes s'écoulent ; Louis XVI revient enfin, et, avec lui, le dauphin et Madame royale amenés par Mme de Tourzel.

La garde nationale entre en ligne ; un commandant, le docteur Gondran, balaye la cour de Marbre, chasse les dernières bandes qui massacrent et pillent, occupe le château, et les serviteurs du roi peuvent arriver jusqu'à lui. Les ministres, quelques députés de la noblesse se rangent autour de la famille royale, mais leur abattement est tel qu'ils sont également incapables de la défendre contre de nouvelles attaques ou de lui donner un conseil. Necker est là, mais immobile, consterné, sans force et sans voix, pleurant sa popularité perdue et son influence détruite. Il faut que Marie-Antoinette console et encourage ces cœurs défaillants : « J'ai le courage de mourir, mais je voudrais au moins que ceux qui sont sont assez vils pour faire le métier d'assassins eussent la conscience du crime, c'est-à-dire de se montrer tels qu'ils sont. » Elle achève à peine, que des coups de fusil éclatent, des balles brisent les vitres et viennent s'aplatir contre le mur, tout proche de la reine. Le ministre de la marine, M. de la Luzerne, s'avance pour couvrir Marie-Antoinette de son corps; mais elle l'éloigne d'un geste, et, comme il feint de ne rien voir pour être dispensé d'obéir, elle lui dit : « Je devine votre intention, et je vous en remercie; mais je ne veux pas que vous restiez là. Ce n'est pas votre place, c'est la mienne. »

Au dehors, la garde nationale et la foule couvrent la place d'Armes, envahissent les cours et les avenues. De grandes clameurs s'élèvent : « Nous voulons voir le roi! nous voulons voir la reine! » et le dauphin, tremblant, se serre contre sa mère, en murmurant : « Maman, j'ai faim! »

Il faut que Louis XVI paraisse au balcon, et, après

lui, Marie-Antoinette. « Ses cheveux étaient en désordre, dit Mme de Staël, témoin de cette scène, sa figure était pâle, mais digne, et tout, dans sa personne, frappait l'imagination. Comme toute la cour de Marbre était remplie d'hommes qui tenaient en main des armes à feu, on put apercevoir dans la physionomie de la reine ce qu'elle redoutait. » Son hésitation fut courte, et La Fayette lui ayant représenté que cette démarche était nécessaire, elle répondit : « Dussé-je aller au supplice, j'y vais ! »

« Elle se présente, dit Mme Campan, avec le dauphin et Madame. On crie : « Pas d'enfants ! » Voulait-on la dépouiller de l'intérêt qu'elle inspirait étant accompagnée de sa jeune famille, ou les chefs des factieux espéraient-ils que quelque forcené oserait diriger un coup mortel sur sa personne ? L'infortunée princesse eut sûrement cette idée, car elle renvoya ses enfants, et, les yeux et les mains levés vers le ciel, elle s'avança sur le balcon, comme une victime qui se dévoue [1].

« Quelques voix crièrent : *à Paris !* le cri devint bientôt général. Le roi, avant de se décider à ce départ, voulut consulter l'Assemblée nationale, et l'invita à tenir sa séance au château. Mirabeau s'y opposa. Pendant que ces messieurs délibéraient, la foule,

---

1. La reine, en quittant le balcon, s'approcha de Mme Necker et lui dit : « Ils vont nous forcer, le roi et moi, à nous rendre à Paris avec les têtes de nos gardes du corps portées devant nous au bout de leurs piques. »

immense et désorganisée, devenait de plus en plus difficile à contenir. Le roi, ne prenant conseil que de lui-même, dit au peuple : « Mes enfants, vous voulez « que je vous suive à Paris, j'y consens, mais à la con- « dition que je ne me séparerai pas de ma femme et de « mes enfants. » Le roi ajouta qu'il demandait sûreté pour ses gardes ; on lui répondit : Vive le roi ! vivent les gardes du corps ! Les gardes, le chapeau en l'air, tourné du côté de la cocarde, crièrent : Vive le roi ! vive la nation ! Il se fit bientôt une décharge générale de tous les fusils, en signe de réjouissance. Le roi et la reine partirent de Versailles à une heure ; Monseigneur le dauphin, Madame fille du roi, Monsieur, Madame, Madame Élisabeth et Mme de Tourzel étaient dans le carrosse ; plusieurs voitures de suite contenaient d'abord Mme la princesse de Chimay, les dames du palais de semaine, puis la suite du roi et le service. Cent voitures de députés et le gros de l'armée parisienne suivaient le cortège.

« Les poissardes entouraient et précédaient le carrosse de Leurs Majestés en criant : « Nous ne man- « querons plus de pain ; nous tenons le boulanger, la « boulangère et le petit mitron. » Au milieu de cette troupe de cannibales, s'élevaient les deux têtes des gardes du corps massacrés. Les monstres qui en faisaient un trophée eurent l'atroce idée de vouloir forcer un perruquier de Sèvres à coiffer ces deux têtes et à mettre de la poudre sur leurs cheveux ensanglantés.

L'infortuné auquel on demanda cet horrible service mourut de saisissement. »

L'agonie de la royauté commence, et aussi l'agonie de Versailles.

TROISIÈME PARTIE

LES TRIANONS

Le premier en date des Trianons fut « une maison de porcelaine à aller faire des collations, agrandie après pour y pouvoir coucher ». Construit en 1670, pour satisfaire un caprice de Mme de Montespan, ce palais, nous apprend Félibien, « fut regardé de tout le monde comme un enchantement, car n'ayant été commencé qu'à la fin de l'hiver, il se trouva fait au printemps, comme s'il fût sorti de terre avec les fleurs des jardins qui l'accompagnaient ». Pour le construire, on rasa le village de Trianon ; le nom lui en fut donné, et servit ensuite à désigner tous les pavillons que les grands seigneurs, les fermiers généraux et les riches bourgeois faisaient élever dans leurs parcs ou dans leurs jardins. En un rien de temps, la France s'en trouva couverte ; chacun eut le sien, et ceux « qui se voulaient épargner la dépense de ces petits bâtiments avaient fait habiller des masures en Trianon, ou du moins quelque cabinet de leur maison ou quelque guérite ».

Le « Trianon de porcelaine » fut construit par Dorbay. La grille d'entrée, surmontée du chiffre du roi, se trouvait au milieu d'un enfoncement de forme demi-ovale; de chaque côté de la grille, en avant, étaient les portes de service, flanquées de deux petits pavillons dont la décoration rappelait celle des pagodes chinoises; ils étaient destinés aux portiers et aux gardes du corps; plus loin, deux autres pavillons latéraux pour les grands officiers de la couronne et pour les courtisans; enfin, au fond de la cour principale, le château d'un seul étage avec deux portes donnant sur les jardins. Les murailles de tous ces bâtiments étaient décorées de plaques de faïence blanche à dessins de couleur bleue imitant la porcelaine; le château, surmonté d'un comble élevé, était surchargé de vases de fleurs disposés de degrés en degrés; les murs qui reliaient entre eux les pavillons et le château étaient également ornés de vases; les vasques et bassins à jets d'eau étaient aussi en porcelaine. « Le nouveau château se ressentit du goût que les relations écrites par les missionnaires sur la Chine et sur l'Inde avaient fait naître à cette époque. Les laques, les porcelaines, les étoffes et les peintures chinoises étaient alors recherchées avec ardeur; la fameuse tour de porcelaine, située près de Nankin, passait pour la huitième merveille du monde; l'architecte Dorbay dut se conformer à la mode régnante en construisant le palais de Trianon[1]. »

L'ameublement était magnifique, mais la merveille

1. Soulié.

du palais de porcelaine était le jardin dessiné par Le Bouteux, avec ses orangers plantés en pleine terre; aussi le *Trianon de porcelaine* devient-il, pour les contemporains, le *Palais de Flore*, tant les fleurs y sont variées et abondantes, même en hiver. « Ce lieu étant destiné, dit le *Mercure galant*, pour y conserver toutes sortes de fleurs, tant l'hiver que l'été, l'art y seconde si bien la nature qu'il en est rempli en toutes saisons. Tous les bassins sont ou paraissent être en porcelaine. On y voit des jets d'eau qui sortent du dedans de plusieurs urnes. Tous les pots dans lesquels sont des plantes de fleurs ou des arbrisseaux sont de porcelaine, et les caisses les imitent par la peinture. »

Le 11 juillet 1674, la Cour vint entendre au Trianon l'*Églogue de Versailles*, intermède de Quinault et Lulli; en 1686, les ambassadeurs de Siam admirèrent ce palais de porcelaine et de fleurs dont « le cabinet des Parfums leur plut extrêmement ».

L'année suivante, 1687, le Trianon de Dorbay parut si magnifique, qu'il devint impossible de l'embellir encore, de le rendre plus parfait; Louis XIV, qui se lassait vite de ses plus belles résidences aussitôt qu'il n'y trouvait plus matière à changements, donna l'ordre de raser ce Trianon trop admiré, et chargea Mansart de construire un palais de marbre.

Le roi, qui aimait à bâtir, visitait sans cesse les travaux; la période de construction était incontestablement celle qui lui plaisait le plus; il trouvait tout fort beau, se montrait le plus satisfait du monde, mais sa bonne humeur ne résistait guère à la contradiction, et il n'admettait pas aisément qu'on fût d'un autre avis que le sien. Louvois en fit un jour l'expérience. Tout Louvois qu'il était, il se vit admonester durement à propos d'une fenêtre. Il faut lire la scène dans Saint-Simon. « Le roi, qui avait le coup d'œil de la plus fine justesse, s'aperçut d'une fenêtre de quelque peu plus étroite que les autres; il la montra à Louvois, qui était surintendant des Bâtiments, pour la réformer, ce qui était alors très aisé. Louvois soutint que la fenêtre était bien. Le roi insista, et le lendemain encore, sans que Louvois, qui était entier, brutal et enflé de son autorité, voulût céder.

« Le lendemain, le roi vit Le Nôtre dans la Galerie. Quoique son métier ne fût guère que les jardins, où il excellait, le roi ne laissait pas de le consulter sur ses bâtiments. Il lui demanda s'il avait été à Trianon. Le Nôtre répondit que non. Le roi lui ordonna d'y aller. Le lendemain il le vit encore; même question, même réponse. Le roi comprit à quoi il tenait, tellement qu'un peu fâché il lui commanda de s'y trouver l'après-dînée même, à l'heure qu'il y serait avec Louvois. Pour cette fois, Le Nôtre n'osa y manquer. Le roi arrivé et Louvois présent, il fut question de la fenêtre que Louvois opiniâtra toujours de largeur égale aux autres. Le roi voulut que Le Nôtre l'allât mesurer, parce qu'il était droit et vrai, et qu'il dirait librement ce qu'il aurait trouvé. Louvois, piqué, s'emporta. Le roi, qui ne le fut pas moins, le laissait dire, et cependant Le Nôtre, qui aurait bien voulu ne pas être là, ne

LOUVOIS

bougeait. Enfin, le roi le fit aller, et cependant Louvois toujours à gronder, et à maintenir l'égalité de la fenêtre, avec audace et peu de mesure. Le Nôtre trouva et dit que le roi avait raison de quelques pouces. Louvois voulut imposer, mais le roi, à la fin trop impatienté, le fit taire, lui commanda de faire défaire la fenêtre à l'heure même, et, contre sa modération ordinaire, le malmena fort durement.

« Ce qui outra le plus Louvois, c'est que la scène se passa non seulement devant les gens des Bâtiments, mais en présence de tout ce qui suivait le roi dans ses promenades, seigneurs, courtisans, officiers des gardes et autres, et même de tous les valets. Louvois, qui n'avait pas accoutumé d'être traité de la sorte, revint chez lui en furie et comme un homme au désespoir. Les familiers de toutes ses heures en furent effrayés, et, dans leur inquiétude, tournèrent pour tâcher de savoir ce qui était arrivé. A la fin, il le leur conta, dit qu'il était perdu, et que, pour quelques pouces, le roi oubliait tous ses services, qui lui avaient valu tant de conquêtes ; mais qu'il y mettrait ordre, et qu'il lui susciterait une guerre telle qu'il lui ferait avoir besoin de lui et laisser là la truelle, et de là s'emporta en reproches et en fureurs. Il ne mit guère à tenir parole. Il enfourna la guerre par l'affaire de la double élection de Cologne ; il la confirma en portant les flammes dans le Palatinat et en laissant toute liberté au projet d'Angleterre. »

Voilà une fenêtre qui coûta cher !

Le Trianon était achevé le 13 novembre 1688, et immédiatement meublé avec une grande richesse ; toutefois, les lits ne furent posés qu'en 1691. L'ameublement était en damas cramoisi broché d'or, avec une profusion de tapis de Perse et de Turquie, de porcelaines de Chine, de tableaux signés des noms les plus illustres.

LE GRAND-TRIANON

Le Grand-Trianon n'a qu'un étage; la balustrade qui surmonte l'entablement était ornée, avant 1789, de vases et de groupes d'Amours portant des attributs de chasse, placés à l'aplomb des colonnes et des pieds-droits. Un péristyle à jour, fermé depuis 1805 par des vitrages, et dont on attribue le dessin à Robert de Cotte, réunit les deux bâtiments latéraux, au delà desquels s'étendit à droite une longue galerie, puis une aile en retour, nommée Trianon-sous-Bois, construite en 1705.

La grande cour est bordée au fond par le péristyle, à gauche par les offices, à droite par un bâtiment qui renferme une petite galerie et l'appartement disposé et meublé par Louis-Philippe, en 1846, pour la reine Victoria, qui ne l'habita jamais. Il y avait à cet endroit une salle de comédie, qui fut détruite en 1704 et remplacée alors par l'appartement de Louis XIV.

On trouve dans la partie du palais qui donne sur les jardins l'ancien appartement du grand-dauphin, habité par Napoléon Ier et Louis-Philippe, qui se composait du salon des Glaces, d'un cabinet et d'une chambre; le salon de la Chapelle et le salon des Seigneurs, devenu le vestibule des appartements de l'aile gauche. On trouve actuellement dans ces pièces : les portraits de Louis XV et de Marie Leczinska par J.-B Vanloo, des fleurs de Monnoyer, un tableau allégorique de Natoire.

Dans le grand vestibule ou péristyle à jour [1], cinq statues en marbre : le Tireur d'épines, la Joueuse d'osselets, Atalante, Jeune pâtre romain, l'Amour.

A droite du grand vestibule, on trouve le salon Rond ou salon des Colonnes, chapelle sous Louis XV et Louis XVI, aujourd'hui vestibule des appartements de droite, où l'on voit des statues, des tableaux de Noël Coypel, Monnoyer et Desportes. La salle de billard était le salon de la musique sous Louis XIV. L'ancienne antichambre des Jeux et la chambre du Sommeil sont devenues un salon. Ces diverses pièces formèrent jusqu'en 1705, avec le cabinet du Couchant et le salon Frais, le premier appartement de Louis XIV.

Les Petits-Appartements actuels se composent du salon des Sources, devenu une bibliothèque ornée de tableaux de Boucher, Coypel, Hubert Robert; du Buffet, du Cabinet, du Cabinet du Repos, du Cabinet du Levant. Ils ont été habités par Mme de Maintenon,

1. Le péristyle servait de salle à manger d'été sous Louis XIV.

GRAND-TRIANON

Louis XV, Stanislas Leczinski, Mme de Pompadour, Napoléon Ier.

La grande galerie, qui sert de communication entre cette partie du palais et le Trianon-sous-Bois, est décorée de tableaux assez médiocres, parmi lesquels une copie de Marie Leczinska, d'après Oudry. Sous Louis XIV, elle était ornée de tableaux représentant les vues de Versailles et de ses bosquets, par Cotelle, Allegrin et Martin. Elle aboutit au salon des Jardins et à l'ancienne salle de Billard, devenue, sous Louis-Philippe, une chapelle ou fut célébré, le 17 octobre 1837, le mariage de la princesse Marie avec le duc Alexandre de Wurtemberg. Le Trianon-sous-Bois fut habité successivement par le grand dauphin, Monsieur, le duc et la duchesse de Bourgogne, et la Palatine. Louis XV y fit arranger, en 1752, six appartements pour Madame Adélaïde, la reine, la duchesse de Luynes, le dauphin et la dauphine, Mme de Brancas.

« Après les Jardins de Versailles et de Marly, rien n'approche de l'arrangement et de la beauté de ceux de Trianon. Dans la saison des fleurs, tout y est parfumé et on n'y respire que violettes, oranges et jasmins. » De ces merveilles, que vante Piganiol, quelques-unes ont disparu, — le Jardin du Roi et le bosquet des Sources, détruits en 1775 lors de la replantation du Trianon[1]; — les autres ont été remaniées

---

1. Mansart avait dessiné ces beaux jardins aux eaux jaillissantes.

peu judicieusement, et presque toutes les statues sont dégradées.

Louis XIV dîne pour la première fois au Grand-Trianon le 22 janvier 1688, en compagnie de Monseigneur, de Mme de Maintenon, de Mmes de Noailles, de Montchevreuil, de Mailly, de Guiche, de Saint-Géran. Les dîners se succèdent, les grandes collations s'ajoutent aux dîners, et, le 7 février 1689, le roi et la reine d'Angleterre viennent visiter le palais. « A trois heures, dit Dangeau, le roi, Monseigneur et les princesses filles du roi allèrent à Trianon. Le roi et la reine d'Angleterre y arrivèrent bientôt après; le roi les reçut sur le perron du péristyle et leur fit voir la maison dont ils furent charmés; ensuite les deux rois causèrent ensemble, et la reine joua de moitié avec Monsieur contre Mmes de Ventadour et d'Epinoy. Mme la dauphine arriva à cinq heures et demie, et l'on entra de bonne heure dans la salle du ballet. Le roi et la reine d'Angleterre le virent de la tribune où ils allèrent avec le roi. »

Le 16 février 1689, on représente l'opéra de *Thétis et Pélée*; le roi et la dauphine y prennent le plus grand plaisir et complimentent le musicien Colasse, qui obtient le même succès avec son opéra *Enée et Lavinie*.

A partir de 1693, Louis XIV néglige Trianon pour Marly, alors dans sa nouveauté; mais il y revient en 1701 et semble s'y plaire. Il fait construire quelques bâtiments, embellit les jardins, s'installe dans son nouvel appartement où il se trouve le plus commodément du monde, et l'on croit que Trianon va l'emporter sur Marly, lorsque le roi déclare « qu'il n'y a pas assez d'air dans ces jardins-ci ». Louis XIV ne fait plus que de courtes promenades à Trianon, où ses filles la princesse de Conty, Madame la Duchesse et la duchesse de Chartres se livrent à mille folies. Elles courent à travers les jardins pendant la nuit et « se divertissent à quelques pétarades. Soit malice, soit imprudence, dit Saint-Simon, elles en tirèrent une nuit sous les fenêtres de Monsieur qui l'éveillèrent, et qui le trouva fort mauvais; il en porta ses plaintes au roi qui lui fit fort excuses, gronda fort les princesses, et eut grand'peine à l'apaiser. » Il les gronda plus fort encore lorsqu'elles s'avisèrent d'emprunter les pipes des gardes-suisses, pour fumer dans leurs appartements.

La première visite de la princesse de Savoie à Trianon est du 12 décembre 1696; un an plus tard, une fête y est donnée en l'honneur de son mariage. Dangeau raconte qu'on « servit une magnifique collation en corbeilles; ensuite l'opéra d'*Issé* commença, dont le roi fut fort content. Le spectacle fut fort beau. »

Pendant l'été de 1699, la cour se promène, la nuit, dans les jardins de Trianon et sur le canal. C'est encore à Dangeau qu'il faut demander le récit de ces délassements royaux : « Le 10 juillet, sur les six heures du soir, le roi entra dans ses jardins de Trianon, et, après s'y être promené quelque temps, il se tint sur la terrasse qui regarde le canal et y vit embarquer Monseigneur, Mme la duchesse de Bourgogne et toutes les princesses. Monseigneur était dans une gondole avec Mgr le duc de Bourgogne et Mme la princesse de Conty. Mme la duchesse de Bourgogne était dans une autre avec des dames qu'elle avait nommées ; Mme la duchesse de Chartres et Mme la Duchesse séparément dans d'autres gondoles. Tous les musiciens du roi étaient sur un yacht. Le roi fit apporter des sièges au bout de la balustrade, où il demeura jusqu'à huit heures à entendre la musique que l'on faisait approcher le plus que l'on pouvait. Quand le roi fut rentré au château, on alla jusqu'au bout du canal, et on ne rentra au château que pour le souper. Le roi avait d'abord résolu de s'embarquer ; mais comme il a quelque disposition à un rhumatisme, M. Fagon ne lui conseilla pas, quoique le temps fût fort beau. Après le souper, Monseigneur et Mme la duchesse de Bourgogne se promenèrent jusqu'à deux heures après minuit dans les jardins et sur la terrasse qui est au haut de la maison ; après quoi, Monseigneur alla se coucher, Mme la duchesse de Bourgogne monta en gondole avec quelques-unes de ses dames, et Mme la Duchesse dans une autre gondole, et demeurèrent sur le canal jusqu'au lever du soleil. Puis, Mme la Duchesse s'alla coucher, mais Mme la duchesse de Bourgogne attendit que Mme de Maintenon partît pour Saint-Cyr ; elle la vit monter en carrosse à sept heures et puis elle s'alla mettre au lit sans paraître fatiguée d'avoir tant veillé. Mgr le duc de Bourgogne, qui était retourné à Versailles, veilla de son côté, se promena dans les jardins jusqu'au jour et puis alla jouer au mail jusqu'à six heures. »

Louis XIV vint pour la dernière fois au Trianon le 11 août 1715.

Comme Versailles, Trianon fut abandonné par la Cour pendant la Régence, et Louis XV ne le visita que le 6 juillet 1722.

En 1740, le roi de Pologne Stanislas Leczinski et la reine Catherine Opalinska y séjournent.

En 1741, Marie Leczinska paraissant se plaire à Trianon, Louis XV, en veine de galanterie, le lui donne ; mais, moins riche que les favorites, elle ne peut entretenir convenablement son domaine, et lorsque le roi s'y retire, en 1744, après la mort de la duchesse de Châteauroux, le palais est inhabitable. Le duc de Luynes constate « qu'il a grand besoin de réparation. Autant ce lieu est agréable l'été et pendant les grandes chaleurs, autant est-il triste et froid pendant l'hiver. Il a donc fallu y faire dans la plus grande diligence les ouvrages absolument nécessaires. »

En 1749, Trianon devient la résidence préférée de Louis XV. Mme de Pompadour, toujours en quête de distractions pour le plus ennuyé des rois, imagine de lui donner des goûts champêtres. Elle fait construire « une ménagerie d'utilité apparente plus que de curiosité, une grande laiterie, beaucoup de poules, quantité de belles vaches qu'on tire de Hollande, et évoque toutes ces inutilités qui peuvent le distraire de sa mélancolie ». Le roi se plaît dans sa basse-cour et dans sa vacherie, et d'Argenson constate que : « Le roi prend grand goût à Trianon; il commence à se lasser de ses fréquents voyages, et il dit que son appartement, comme on l'a accommodé, est le seul qu'il ait encore trouvé à sa fantaisie. De Trianon, il va à Versailles aux jours et heures de représentations, les dimanches au grand couvert, aux conseils s'il veut; ses ministres viennent travailler avec lui, et les affaires s'y suivent [1]. »

Le duc de Luynes nous apprend que « le roi et Mme de Pompadour s'amusent beaucoup des pigeons et poules de différentes espèces; le roi en a dans son cabinet, dans les combles. M. de Gesvres, qui a ce même goût, est souvent appelé dans ces détails. M. le prince de Conty donna de beaux pigeons au roi, on les porta dans les combles. Mme de Pompadour vint les voir ».

En 1754, Louis XV se prend d'une belle passion

---

[1]. Barbier dit, de son côté : « Trianon était abandonné auparavant et n'était fait même que pour quelques fêtes et pour faire la collation après la promenade pour Mesdames. Mais à présent cela fait maison de campagne. On multiplie les voyages à Trianon autant qu'on peut, afin de diversifier les objets et les voyages, attendu que le roi a une grande disposition à s'ennuyer partout. »

pour la botanique et l'agriculture. Poules, pigeons et vaches sont délaissés ; le roi fait des expériences sur la cause de la corruption des blés, cultive des plantes exotiques dans d'immenses serres et crée un jardin potager où Claude Richard opère une véritable révolution dans l'art du jardinage : il invente les primeurs ! Ce fut lui encore qui cultiva le premier les plantes en terre de bruyère et créa « cette belle variété de renoncules qui, par la richesse de leurs couleurs et le développement de leurs formes, firent la jalousie et le désespoir des amateurs de Harlem, obligés de s'avouer vaincus ».

M. de la Gorse raconte, dans ses *Mémoires d'un homme de cour*: « Jamais fruits ne parurent meilleurs au roi que ceux de son nouveau jardin, où il allait deux fois la semaine, dans la belle saison. Il les distribuait aux personnes de sa suite ; il fallait les manger en sa présence, les louer, les trouver délicieux, si on voulait lui bien faire sa cour. »

En 1759, Louis XV ajoute à son potager un jardin botanique et charge Bernard de Jussieu d'en diriger et d'en surveiller les plantations. Le roi trouve un certain plaisir à causer familièrement avec ce philosophe qui ne demande rien, pas même le remboursement de ses dépenses, et auquel il ne donne rien.

Dans ces nouveaux jardins, Louis XV fait construire le salon frais et le pavillon octogone.

Le salon frais, dont il ne demeure plus trace, était

un bâtiment carré disparaissant sous la verdure et qui servait de salle à manger pendant l'été. « Il avait pour accompagnement, dit le *Cicerone de Versailles*, deux

VOITURE DU SACRE

galeries de treillage. Ces portiques, qui entouraient une sorte de parterre de cinquante mètres de large sur vingt seulement de long, développant trente-six arcades, logeaient autant de caisses d'orangers; les pilastres de treillage renfermaient les tiges de quarante tilleuls, taillés en boule. » Ils ont survécu au salon frais.

Le pavillon octogone nous reste. Quatre portes vitrées donnent accès dans le salon central aux colonnes corinthiennes et dans les quatre cabinets servant autrefois de cuisine, de réchauffoir, de garde-robe et de boudoir. Le toit en terrasse est décoré de groupes d'enfants et de vases.

En 1766, Louis XV charge Gabriel de lui construire un petit château pour accompagner le salon frais et le pavillon octogone, supprime basses-cours et volières, plante des bosquets, modifie le dessin des allées d'arbres, et le Petit-Trianon sort de terre comme un palais de féerie.

Dès lors, le Grand-Trianon est abandonné; le roi le trouve trop vaste, comme il a trouvé les splendeurs de Versailles trop incommodes.

Nous ne saurions quitter le Trianon sans visiter la salle des voitures; c'est un musée d'un genre spécial, établi dans une salle construite, en 1851, sur l'emplacement d'un corps de garde.

On y voit: des chaises à porteurs de Marie Leczinska et de Marie-Antoinette; des traîneaux de Louis XIV et de Louis XV[1]; des harnais, des selles, des housses, provenant des écuries de la Couronne; la voiture de Bonaparte, premier consul, qui conduisit Joséphine à la Malmaison après le divorce; la voiture

1. Dont l'un est orné des peintures de Watteau.

du mariage de Napoléon Ier et de Marie-Louise, la *Topaze*; six voitures du sacre de Napoléon Ier; la voiture du sacre de Charles X, toute couverte de dorures, de fleurs, où les armes de l'Empire ont remplacé les fleurs de lis, lorsqu'elle servit au baptême du prince impérial; la voiture de baptême du duc de Bordeaux, qui devint, en 1853, la voiture du mariage de Napoléon III; une voiture orientale, donnée par le sultan au prince impérial.

LE PETIT-TRIANON

Si l'on a dit, avec raison, «Versailles, c'est Louis XIV», il est non moins exact de dire : « le Petit-Trianon, c'est Marie-Antoinette ». Il importe peu que Louis XV l'ait fait bâtir, le souvenir de la reine plane sur tout, efface tout, et l'on peut même dire : purifie tout, puisqu'on se souvient à peine des petits soupers de la Dubarry et de sa table volante, dont le mécanisme ingénieux excita l'admiration des contemporains.

On sait de quelle galante façon Louis XVI offrit ce palais à la reine : « Vous aimez les fleurs, eh bien ! j'ai un bouquet à vous donner; c'est le Petit-Trianon[1] ».

Marie-Antoinette prit immédiatement possession de

---

1. Les *Mémoires secrets* font tenir au roi, contre toute vraisemblance, un langage autrement alambiqué : « Madame, ces beaux lieux ont toujours été le séjour des favorites des rois; conséquemment, ils doivent être le vôtre. »

son domaine, et, le 6 juin 1774, elle pendit la crémaillère. Ses convives étaient : Louis XVI, Mme Clotilde, les frères du roi, les comtesses de Provence et d'Artois.

Le Petit-Trianon est moins un palais royal que l'élégant hôtel d'un riche seigneur ; il se compose d'un rez-de-chaussée, d'un premier étage et d'un attique. « Poussez un bouton de porte ciselé, c'est devant vous un escalier de pierre à grand repos. Dans les entrelacs de la rampe magnifique et dorée, dans les cartouches à têtes de coq, s'enlacent les initiales A M[1] et les caducées se marient aux lyres, à ces lyres, les armes parlantes du palais, qui se retrouvent jusque sur les feux de cheminée. Aux murs nus de l'escalier, il n'est rien que des festons de chênes fouillés dans la pierre[2]. En face l'escalier, menace une tête de Méduse, qui n'empêchera pas la calomnie de monter. Après une antichambre, vient la salle à manger, où le parquet rejoint montre encore la coupure où montait, pour les orgies de Louis XV, la merveilleuse table de Loriot avec ses quatre servantes[3], et là commencent

---

1. La rampe, qui date de Louis XV, est de Gamain ; le chiffre A M y a été placé plus tard.
2. Du plafond, pend la lanterne, dont les montants sont des faisceaux de flèches, tout ornée d'attributs champêtres et de petits satyres portant un bouquet de douze lumières.
3. « Avec la table volante de Loriot, le repas se sert et se dessert comme par enchantement. Au signal, le parquet s'ouvre : la table toute dressée et chargée de mets sort, accompagnée de quatre servantes ou postillons également garnis. A chaque service, e milieu disparaît ; il ne reste que le

les ornements sur les boiseries exécutées par ordre de Marie-Antoinette ; ce ne sont, aux panneaux de bois sculpté, que carquois en croix au-dessous des couronnes de roses et des guirlandes de fleurs. Le petit salon, près la salle à manger, montre en relief, sur tous ses côtés, tous les accessoires et tous les instru-

PETIT-TRIANON

ments des joies des Vendanges et de la Comédie ; des guirlandes de raisin laissent descendre les corbeilles et les paniers de fruits, les masques et les tambours de

pourtour où sont les assiettes ; une rose en métal, ménagée dans l'épaisseur du cercle étend ses feuilles et cache le vide. La partie qui est descendue s'arrête au rez-de-chaussée, où on la couvre de nouveau. Quand elle est remise en mouvement vers le premier étage, la rose de métal se retire pour lui livrer passage. Le repas fini, table et postillons s'enfoncent dans le sol, les feuilles du parquet reprennent leur place et se rejoignent si exactement qu'il faut les avoir vu s'ouvrir pour croire qu'elles sont mobiles. » (*Desjardins.*)

basque, les castagnettes, les pipeaux et les guitares; et sous les barbes de marbre des boucs de la cheminée, les grappes de raisin se nouent encore. Dans le grand salon [1], le lustre pend d'une rose de fleurs. Aux quatre coins de la corniche volent des jeux d'amours. Chaque panneau, surmonté des attributs des Arts et des Lettres, prend sa naissance dans une tige de lis trois fois fleurie, enguirlandée de lauriers, et portant en cimier une couronne de roses en pleine fleur. Dans le petit cabinet qui précède la chambre de la reine, les plus fines arabesques courent sur la boiserie; ce sont, en ces pyramides impossibles et charmantes de l'art antique, des Amours portant des cornes d'abondance de fleurs, des trépieds fumants, des colombes, des arcs et des flèches croisés qui pendent à des rubans. Les bouquets de pavots mêlés à mille fleurettes se jouent tout autour de la chambre à coucher[2]. Le lit disparaît sous les dentelles de soie blanche. Le meuble est de poult de soie bleu, uniquement rembourré de duvet d'eider. Des écharpes frangées de perles et de soie de Grenade nouent les rideaux. Et n'était-ce pas la pendule qui sonnait les heures dans la chambre de Marie-Antoinette, cette pendule oubliée aujourd'hui dans la pièce à côté, dont le cadran est porté par les deux aigles d'Autriche, et sur le socle treillagé de laquelle

1. Le meuble du salon était en soie cramoisie galonnée d'or.
2. La chambre était tendue d'une mousseline brodée « où la vivacité des couleurs défiait le pinceau le plus exercé ».

se détachent en médaillon la houlette d'Estelle et le chapeau de Némorin?

« Du palais, des escaliers en terrasse descendent aux jardins. Au bas de la plus riche façade, décorée de quatre colonnes corinthiennes, commence le jardin français, planté dès 1750 pour accompagner le jardin à l'italienne, et que deux grilles garnies de grands rideaux de toile séparent du Grand-Trianon. De ce côté, partout des fleurs s'alignent dans leurs pots blancs et bleus aux anses figurant des têtes. Sur l'une des façades du salon, s'ouvre un décor printanier et galant, le décor des personnages et des comédies de Lancret. Ce sont de ces architectures à jour que le dix-huitième siècle mariait si joliment à la verdure, de ces barrières à travers lesquelles passent le ciel et les fleurs, les zéphyrs et les regards : c'est la *salle des fraîcheurs*, et ses deux portiques de treillages. Mais de l'autre côté, à la droite du palais, vous entrez au premier pas dans la création de la reine, dans le jardin anglais [1]. »

Marie-Antoinette ne modifia que très légèrement les dispositions intérieures et la décoration du palais ; elle s'occupa uniquement de son jardin anglais, qu'elle créa de toutes pièces avec la collaboration de l'architecte Mique, du peintre Hubert Robert, du sculpteur Deschamps et du jardinier Antoine Richard.

Le Belvédère s'élève sur la colline, tout entouré de

---

1. De Goncourt, *Histoire de Marie-Antoinette*.

buissons en fleurs, avec ses huit sphinx, ses fines sculptures et ses arabesques. Au milieu du pavillon, se dresse la table où la reine déjeune. Dans l'île, le temple de l'Amour où le dieu, sculpté par Bouchardon, se taille un arc dans la massue d'Hercule. La tour de Marlborough, aux escaliers couverts de fleurs, se reflète dans l'étang. Voici enfin le Hameau. Ici, les chaumières se cachent sous la vigne vierge et les plantes grimpantes, les parterres sont des jardins potagers, les bestiaux paissent sur les pelouses, les vaches viennent boire au lac, le lavoir est encombré de ménagères, le moulin tourne sans cesse, broyant le grain, tandis que, dans l'étable, le lait, qu'on portera au château, écume dans les vases de porcelaine. Là, tout à côté de ce petit village, plein de mouvement et de vie, peuplé de véritables paysans, le Hameau de la reine dresse son décor d'opéra comique, ses maisons dont « le dehors offre l'aspect le plus champêtre », tandis qu'on trouve « au dedans, l'élégance et parfois la recherche » qui « ne sortent de la simplicité rurale que pour prendre une tournure de féerie ». C'est l'empire de *Vénus-Antoinette*. « On y respire, dit le prince de Ligne, l'air du bonheur et de la liberté. Je ne connais rien de plus beau et de mieux travaillé que le temple et le pavillon. La colonnade de l'un et l'intérieur de l'autre sont le comble de la perfection, du goût et de la sculpture. Le rocher et les chutes d'eau font un superbe effet. La rivière se

TOUR DE MARLBOROUGH.

présente à merveille dans un petit mouvement de ligne droite vers le temple. Le reste de son cours est caché ou vu à propos. Les massifs sont bien distribués et séparent les objets qui seraient trop rapprochés. Il y a une grotte parfaite, bien placée et bien naturelle. Les montagnes ne sont pas des pains de sucre ni de ridicules amphithéâtres. Il n'y en a pas une qu'on ne croirait avoir été là du temps de Pharamond. Les plates-bandes de fleurs y sont placées partout agréablement. » Arthur Young, moins enthousiaste, déclare que « cela sent plus le faste que le bon goût, bien que plusieurs parties soient très jolies et très bien exécutées. Mais la gloire du Petit-Trianon, ce sont les arbres et les arbrisseaux exotiques. Le monde entier a été heureusement mis à contribution pour l'orner ». Voici enfin l'impression qu'un autre contemporain emporte d'une visite à « ce jouet de la reine ». Après avoir raconté que, surpris par la brusque arrivée de Marie-Antoinette, il dut se cacher, avec deux de ses amis, dans la laiterie, il ajoute : « La reine, d'abord accompagnée d'une dame de sa cour, la congédia et s'avança seule dans la direction de la laiterie ; elle portait une simple robe de linon, un fichu et une coiffe de dentelles ; sous ses habits modestes, elle paraissait peut-être encore plus majestueuse que dans le grand costume où nous l'avions vue à Versailles ; sa manière de marcher est toute particulière ; on ne distingue point les pas ; elle glisse avec une incomparable grâce et relève bien plus fièrement la tête quand elle se croit seule. Notre reine passa tout près du lieu où nous étions, et nous eûmes tous trois comme un désir de fléchir le genou au moment qu'elle passait, nous sentant partagés entre l'espérance d'être aperçus et la crainte d'être surpris [1]. »

Chaque matin, le roi se rend au Petit-Trianon, sans suite, souvent à pied, quelquefois dans une voiture légère qu'il conduit lui-même. « Toutes les matinées ne présentaient que l'aspect d'une campagne habitée par des particuliers. Il n'y avait de gens de service en sous-ordre que le nombre strictement nécessaire, sans aucune des charges de la Cour. Les après-dînées prenaient tout une autre face; les princesses et princes de la famille royale, Mesdames tantes, les personnes les plus distinguées de leur suite, les dames du palais et quelques externes les plus favorisées se rendaient à Trianon et y passaient le reste de la journée et de la soirée. Les jardins charmants de cette maison de plaisance y procuraient les promenades les plus variées, et quelques jeux de commerce y remplissaient les intervalles de l'avant et de l'après-souper [2]. »

Marie-Antoinette séjourne, fréquemment, un mois de suite au Petit-Trianon. « On ne se croyait chez

---

1. *La Vie parisienne sous Louis XVI.*
2. Mercy-Argenteau.

soi, dit Mme Campan, que dans des demeures plus simples, embellies par des jardins anglais ; on y jouissait mieux des beautés de la nature ; le goût des cascades et des statues était entièrement passé. La reine entrait dans son salon sans que le piano-forte ou les métiers de tapisseries fussent quittés par les dames, et les hommes ne suspendaient ni leur partie de billard, ni celle de tric-trac. Il y avait peu de logements. Mme Elisabeth y accompagnait la reine ; mais les dames d'honneur et les dames du palais n'y furent point établies : selon les invitations faites par la reine, on arrivait de Versailles pour l'heure du dîner. La roi et les princes y venaient régulièrement souper. Une robe de percale blanche, un fichu de gaze, un chapeau de paille, étaient la seule parure des princesses ; le plaisir de parcourir toutes les fabriques du Hameau, de voir traire les vaches, de pêcher dans le lac, enchantait la reine. »

Madame Royale a son petit parterre, tracé par Antoine Richard, et un petit troupeau de dix chèvres et moutons. Le dauphin la suit partout, et, comme le frère et la sœur s'adorent, ils ne se quittent point. Marie-Antoinette les fit peindre plusieurs fois par Mme Lebrun ; dans l'un de ces tableaux, on les voit donnant une grappe de raisin à une chèvre ; l'autre nous les montre blottis au pied d'un arbre, sous un buisson de roses.

Nous lisons dans les *Souvenirs* du comte de Vaublanc que « Marie-Antoinette avait, pendant l'été, un bal tous les dimanches. Là, étaient reçues toutes

MARIE-ANTOINETTE

les personnes vêtues honnêtement, et surtout les bonnes et les enfants. Elle dansait une contredanse, pour montrer qu'elle prenait part au plaisir auquel elle invitait les autres. Elle appelait les bonnes, se faisait présenter les enfants, leur parlait de leurs parents et les comblait de bontés ».

On danse beaucoup au Petit-Trianon, sous une tente immense dressée dans le jardin français, dans la grange du hameau transformée en salle de bal ; mais la distraction favorite, la véritable passion de la reine, c'est le théâtre.

On joue d'abord la comédie sur la scène provisoire de l'orangerie ; mais comme elle est trop étroite, sans machines ni dessous, sans loges pour les acteurs, on la trouve bien vite incommode, et Marie-Antoinette ordonne à l'architecte Mique de lui bâtir une salle de spectacle à l'extrémité du parterre qui s'étend à l'ouest du château.

« L'amour de la musique avait mené la reine à l'amour du théâtre. Le théâtre est le grand plaisir de Marie-Antoinette, et la plus chère distraction de son esprit. Ne va-t-elle pas, dans sa passion, jusqu'à écouter la première lecture des pièces que les auteurs destinent au théâtre ? Une semaine, elle en entend trois. Mais quoi ! n'est-ce pas la folie du temps. La France joue la comédie, du Palais-Royal au château de la Chevrette, et il faut un ordre du ministre de la guerre pour arrêter dans les régiments la fureur comique et tragique. Quelle reine n'aime la mode ! Quelle femme n'aime la comédie ! et quel maussade empire c'eût été que le Trianon de Marie-Antoinette sans un théâtre !

« Le théâtre était à Trianon comme le temple du lieu. Sur un des côtés du Jardin français, ces deux colonnes ioniennes, ce fronton d'où s'envole un Amour brandissant une lyre et une couronne de lauriers, c'est la porte du théâtre. La salle est blanc et or ; le velours bleu recouvre les sièges de l'orchestre et les appuis des loges. Des pilastres portent la première galerie ; des mufles de lion, qui se terminent en dépouilles et en manteaux d'Hercule branchagés de chêne, soutiennent la seconde galerie ; au-dessus, sur le front des loges en œil-de-bœuf, des Amours laissent pendre la guirlande qu'ils promènent. Lagrenée a fait danser les nuages et l'Olympe au plafond. De chaque côté de la scène, deux nymphes dorées s'enroulent en torchères ; deux nymphes au-dessus du rideau portent l'écusson de Marie-Antoinette. »

A côté de cette description, rigoureusement exacte, de la salle de spectacle, MM. de Goncourt ont accroché un tableau plein de vie, de mouvement et d'esprit, dans lequel ils ont groupé les acteurs et le public, qui formaient, comme on disait alors, *la société de la reine*. « D'abord les trois Coigny : le duc de Coigny, qui était resté l'ami de la reine, et n'avait point partagé la disgrâce du duc de Lauzun et du chevalier de Luxembourg ; le comte de Coigny, gros garçon, bien portant et l'esprit en belle humeur ; le chevalier de Coigny, joli homme, fêté à Versailles, fêté à Paris, recherché des princesses et des financières, flatteur, câlin; le prince d'Hénin, un fou charmant, un philanthrope à la Cour; le duc de Guines, le journal de Versailles, qui savait toutes les médisances, de plus excellent musicien et parfait flûtiste; le bailli de Crussol, qui plaisantait avec une mine si sérieuse; puis la famille de Polignac; le comte de Polastron, qui jouait du violon à ravir; le comte d'Andlau, qui était le mari de Mme d'Andlau; le duc de Polignac, que sa fortune n'avait point changé, et qui était resté un homme parfaitement aimable. A ce monde, se joignaient quelques étrangers distingués par la reine, comme le prince Esterhazy, M. de Fersen, le prince de Ligne, le baron de Stedingk. Mais trois hommes faisaient le fond de la société de Trianon et la dominaient : M. de Besenval, M. de Vaudreuil, M. d'Adhémar. Les femmes de Trianon étaient la jeune belle-sœur de la reine, sa compagne habituelle, Mme Elisabeth; puis la comtesse de Châlons, d'Andlau par son père, Polastron par sa mère, dont M. de Vaudreuil et M. de Coigny se disputaient les sourires; puis cette aimable statue de la Mélancolie, cette pâle et languissante personne, la tête penchée sur une épaule, la comtesse de Polastron. Cette femme de vingt ans qui semble le plus joli garçon du monde, cette femme bonne et simple, malgré tout l'esprit qu'elle trouve tout fait, élégante sans en faire métier, supérieure, et cependant n'alarmant pas les sots, sage parce que, c'est elle-même qui l'a dit : « Ne pas l'être, c'est abdiquer; » faisant des frais pour ceux qui la comprennent, et mettant avec les autres son esprit à fonds perdu, cette femme est Mme de Coigny. A côté de la duchesse Jules de Polignac, se tient sa fille, la duchesse de Guiche, belle comme sa mère, mais avec plus d'effort et moins de simplicité; à côté de la duchesse de Guiche, parle et s'agite la comtesse Diane de Polignac. »

Les représentations de la troupe royale furent inaugurées solennellement le 1er août 1780; on donna *la Gageure imprévue*, de Sedaine, et l'opéra comique *le Roi et le Fermier*. Grimm est le seul qui nous ait laissé un compte rendu de cette soirée : « Les spectacles donnés ces jours passés, dans la jolie salle de Trianon, intéressent trop l'honneur du théâtre et la gloire de M. Sedaine pour ne pas nous permettre d'en conserver le souvenir dans nos fastes littéraires. On n'a jamais vu, on ne verra jamais sans doute *le Roi et le Fermier* ni *la Gageure imprévue* joués par de plus augustes acteurs, ni devant un auditoire plus imposant et mieux choisi. La reine, à qui aucune grâce n'est étrangère, et qui sait les adopter toutes sans perdre jamais celle qui lui est propre, jouait dans la première pièce le rôle de Jenny, dans la seconde celui de la soubrette. Tous les autres rôles étaient remplis par des personnes de la société intime de Leurs Majestés et la famille royale. »

Si l'on veut avoir une physionomie plus complète de ces représentations, c'est à Mercy-Argenteau qu'il faut la demander : « La reine n'admet à ces amusements d'autres spectateurs que le roi, les princes et princesses royales, sans aucune personne de leur suite. Les dames du palais, pas même les grandes charges chez la reine, ne sont exceptées de cette exclusion ; il n'y a dans le parterre que les gens de service en sous-ordre, comme femmes de chambre, valets de chambre, huissiers, qui se trouvent à Trianon, à raison de leur service momentané. La reine a une voix très agréable et fort juste, sa manière de jouer est noble et remplie de grâce ; en total, ce spectacle est aussi bien rendu que peut l'être un spectacle de société. J'observai que le roi s'en occupait avec une attention et un plaisir qui se manifestaient dans toute sa contenance ; pendant les entr'actes, il montait sur le théâtre et allait à la toilette de la reine. »

Nous allons compléter Mercy-Argenteau avec Mme Campan : « La reine riait beaucoup de la voix de M. d'Adhémar, belle anciennement, mais devenue très chevrotante. L'habit de berger, dans le Colin du *Devin du village*, rendait son âge fort ridicule, et la reine se plaisait à dire qu'il était difficile que la malveillance pût trouver quelque chose à critiquer dans le choix d'un pareil amoureux. Tant qu'on n'admit personne à ces représentations, elles furent peu blâmées ; mais l'exagération des compliments augmenta l'idée que les acteurs avaient de leurs talents, et donna le désir d'obtenir plus de suffrages. La reine permit aux officiers des gardes du corps et aux écuyers du roi et de ses frères d'entrer à ce spectacle ; on donna des loges grillées à des gens de la cour ; on invita quelques dames de plus ; des prétentions s'élevèrent de toutes parts pour obtenir la faveur d'être admis, la reine refusa, et beaucoup de personnes furent très mortifiées. On applaudissait à outrance ; cependant, en sortant, on critiquait tout haut. »

Les spectacles de Trianon se terminèrent subitement au mois d'août 1785. Le 19, quatre jours après l'arrestation du cardinal de Rohan, impliqué dans l'affaire du Collier, la troupe royale et princière joua *le Barbier de Séville*. Marie-Antoinette remplissait le rôle de Rosine. Elle ne reparut plus sur son théâtre.

D'assez nombreuses fêtes, dont quelques-unes fort brillantes, furent données par la reine au Petit-Trianon.

Celle du 6 août 1776 fut une fête de famille pour le rétablissement de Monsieur et du comte d'Artois. Il y eut souper, illumination, spectacle et couplets de circonstance.

Le 13 mai 1777, la reine reçut son frère, l'empereur Joseph II, voyageant sous le nom de comte de Falkenstein. Elle lui donna à dîner, et « l'on se promena dans les jardins, où il y eut différents petits spectacles amusants. Madame et Mme la comtesse d'Artois s'y trouvaient, mais avec une suite bornée. On passa dans les cabinets de la reine, où l'on attendit l'arrivée du roi qui vint avec Monsieur et une suite assez nombreuse en hommes; on soupa à neuf heures; on se rendit à dix heures et demie au spectacle, qui dura près de deux heures [1]. Cette fête, très bien ordonnée, devint charmante par les grâces que la reine y déploya envers un chacun [2]. »

La même année, le parc fut transformé en un champ de foire où les dames de la Cour tenaient les boutiques, et la reine un café. Çà et là, se dressaient des théâtres. On avait figuré, sur la pelouse, une sorte de place publique où les boulangeries, charcuteries, rôtisseries, étaient reliées entre elles par des guirlandes de fleurs. Ici, une guinguette dont chacun des berceaux portait le nom d'une maison royale; là, le cabinet de Comus; au centre, s'élevait un pavillon. A l'extérieur, les avenues du château étaient bordées de boutiques tenues par des marchands de Paris. Dans celle d'un oiseleur, Arlequin et Dugazon, affublés de carcasses d'osier en forme de pie et de dindon, font la parade; au jeu de bagues, une fête chinoise.

Au printemps de 1779, Marie-Antoinette séjourne

---

1. On joua, dans l'Orangerie, *les Fausses infidélités*, *l'Amoureux de quinze ans*, et un ballet, *le Prétendu et la Rosière*.
2. Mercy-Argenteau.

pour la première fois au Petit-Trianon. Atteinte de la rougeole au mois de mars, elle va s'établir dans son château « pour changer d'air jusqu'à la fin de ses trois semaines, époque où elle pourra voir le roi, qui n'a jamais eu la rougeole ». Elle emmène avec elle quatre

TEMPLE DE L'AMOUR

gardes-malades bien étrangement choisis : le duc de Coigny, le duc de Guignes, le comte Esterhazy et le baron de Besenval. Ils prétendent, à la vérité avec l'agrément du roi, veiller Marie-Antoinette pendant la nuit, et, tout ce qu'on peut obtenir d'eux, c'est qu'ils sortiront de la chambre à onze heures du soir et n'y rentreront que le matin. On devine aisément quels commentaires provoqua cet arrangement si singulier. « A la cour même, on mit en question de savoir quelles seraient les quatre dames choisies pour garder le roi dans le cas où il tomberait malade. »

On ne fut pas moins surpris d'apprendre, l'année suivante, que le comte d'Artois s'exerçait chaque matin, à Trianon, sous la haute direction de Placide et de Petit-Diable, dans l'art difficile de danser sur la corde raide.

Le 26 juillet 1781, la reine rendit à Monsieur la fête qu'il lui avait donnée dans son château de Brunoy. Après le spectacle, on se promena dans les jardins, et l'on admira beaucoup le rocher illuminé autour duquel des transparents mettaient un amoncellement de roches et de feuillages, le belvédère où couraient le long des saillies des cordons de feu, la grotte transformée en un décor de féerie, et le lac aux rives étincelantes.

Le 3 août 1781, Joseph II retourne à Trianon. Après le spectacle et le concert, « une fête d'un nouveau genre, dit Mme Campan, fut donnée à l'empereur. L'art avec lequel on avait, non pas illuminé, mais éclairé le jardin anglais, produisit un effet charmant : des terrines, cachées par des planches peintes en vert, éclairaient tous les massifs d'arbustes ou de fleurs et en faisaient ressortir les diverses teintes de la manière la plus variée et la plus agréable ; quelques centaines de fagots allumés entretenaient dans le fossé, derrière le temple de l'Amour, une grande clarté qui le rendait le point le plus brillant du jardin ».

Le 6 juin 1782, le czarewitch et sa femme, voyageant incognito sous les noms de comte et comtesse du Nord, allèrent visiter le Petit-Trianon, où la reine renouvela tous les enchantements de l'année précédente. Après le spectacle, le parc s'embrasa ; dans les fossés, derrière le temple de l'Amour, flambaient des amoncellements de fagots ; dans les bosquets, des ifs, des éventails chargés de lampions, des reverbères ; un peu partout, des transparents figuraient des buissons lumineux ; dans les massifs, l'orchestre des gardes françaises répondait aux fanfares des gardes suisses. « La Cour, écrit la baronne d'Oberkirch qui accompagnait la comtesse du Nord, était radieuse ; Mme la comtesse du Nord avait sur la tête un petit oiseau de pierreries qu'on ne pouvait regarder tant il était brillant. Il se balançait par un ressort, en battant des ailes au-dessus d'une rose, au moindre de ses mouvements. La reine le trouva si joli qu'elle en voulut un pareil. J'essayai, pour la première fois, une chose fort à la mode, mais assez gênante : des petites bouteilles plates et courbées dans la forme de la tête, contenant un peu d'eau pour y tremper la queue des fleurs naturelles et les entretenir fraîches dans les cheveux. Cela ne réussissait pas toujours, mais quand on en venait à bout, c'était charmant. Le printemps sur la tête au milieu de la neige poudrée produisait un effet sans pareil ».

Cette fête fut un instant troublée par un petit scandale dont Mme de Campan nous a donné le récit : « Le cardinal de Rohan se permit très indiscrètement de s'introduire dans les jardins à l'insu de la reine. Toujours traité avec la plus grande froideur, depuis son retour de Vienne, il n'avait pas osé s'adresser à elle pour lui demander la permission de voir l'illumination; mais il avait obtenu du concierge de Trianon la promesse de l'y faire entrer aussitôt que la reine serait partie pour Versailles, et il s'était engagé à rester dans le logement de ce concierge jusqu'à ce que toutes les voitures fussent sorties du château; il ne tint pas la parole qu'il avait donnée, et, tandis que le concierge était occupé des fonctions de sa place à l'intérieur, le cardinal, qui avait conservé ses bas rouges et seulement passé une redingote, descendit dans le jardin et se rangea, avec un air mystérieux dans deux endroits différents pour voir défiler la famille royale et sa suite. Sa Majesté fut vivement offensée de cette hardiesse et ordonna, le lendemain, le renvoi de son concierge : on fut généralement révolté de la déloyauté du cardinal envers ce malheureux homme, et peiné de la perte qu'il faisait de sa place. Touchée de l'infortune d'un père de famille, ce fut moi qui obtins sa grâce; je me suis reprochée depuis le mouvement de sensibilité qui me fit agir. Le concierge de Trianon renvoyé avec éclat, l'humiliation qui en serait rejaillie sur le cardinal eût fait connaître publiquement les préventions de la reine contre lui et eût probablement empêché la honteuse intrigue du collier. »

Après Joseph II et le czarewitch, le roi de Suède, Gustave III, fut reçu par Marie-Antoinette à Trianon. Il voyageait sous le nom de comte de Haga. La fête fut splendide, et Gustave III en a fait le récit dans une lettre dont nous respectons la curieuse orthographe : « Après souper, le jardin anglois fut illumminnée : c'étoit un enchantement parfait. La reine avoit permis de si prommener aux personnes honnettes qui n'ettoit pas du soupper, et on avoit prévenu qu'il falloit être habillées en blanc, ce qui formoit vraiment le spectacle des Champs Ellisées. La reine ne voulloit pas ce mettre à table, mais fit les honneurs comme l'auroit pu faire la maitresse de maison la plus honnette. Elle parla à tous les Suédois et s'occuppa d'eux avec un soin et une attention extreme. Toutte la famille royal y ettoit, les charges de la cour, leurs femmes, les capitaines des gardes du corps, les cheffes des autres troupes de la maison du roi, les ministres et l'ambassadeur de Suède. La pr. de Lambal fut le seul des princesses du sang qui y ettoit. La reine avoit exclu tous les princes ». La princesse de Sabran écrit au chevalier de Boufflers : « Des lampions couverts donnaient des reflets si doux et des ombres si légères que l'eau, les arbres, les personnes, tout paraissait aérien. »

Ce fut la dernière fête ; Saint-Cloud devint la résidence favorite et le Petit-Trianon fut un peu délaissé. Marie-Antoinette s'y rendit, pour la dernière fois, le 5 octobre 1789, et sa promenade fut interrompue par l'arrivée à Versailles de Maillard et de sa bande.

QUATRIÈME PARTIE

VERSAILLES ET TRIANON DEPUIS 1789

Pillé, dépouillé de son mobilier, de ses tableaux, de tous ses trésors, menacé à chaque instant d'une démolition, d'un morcellement, d'une vente, le château de Versailles ne survécut que par miracle au vandalisme révolutionnaire. Le ministre Roland veut qu'on vende les meubles, et Manuel, renchérissant sur le ministre, propose à la Convention de « vendre aussi la maison ». Il fallut deux décrets de l'Assemblée souveraine pour décourager les démolisseurs ; on installa, dans le château, une école centrale des départements, un conservatoire des objets d'art *extraits* des maisons d'émigrés, une bibliothèque publique et un musée de l'école française. Le mobilier fut mis aux enchères. La vente dura du 10 juin 1793 au 11 août 1794 ; elle eut lieu dans l'appartement de la princesse de Lamballe, d'abord, et aux Petites-Écuries, ensuite ; mais les plus belles pièces furent mises de côté et l'on ne s'en défit qu'en 1796. Quant aux tableaux du cabinet du roi et aux antiques, on les transporta au Louvre, en 1794.

Dans le parc, on plante des légumes et des arbres fruitiers ; des baraques envahissent les abords du palais; le grand canal devient un marécage; un arbre de la liberté se dresse en face du château, à l'endroit même où l'on voit aujourd'hui un Louis XIV de bronze, et la pièce des Suisses est sanctifiée par un autel de la patrie.

Sous le Directoire, quelques enragés exigent de nouveau la destruction du palais.

Devenu premier consul, Bonaparte fait exécuter des réparations urgentes, et transforme le château en une succursale des Invalides.

Empereur, Napoléon médite de raser le palais pour le reconstruire. L'architecte Gaudoin dresse des plans, et M. Fontaine étudie un projet; mais l'un et l'autre demandent des sommes énormes, cinquante millions, qui effrayent l'Empereur, et il s'écrie, dans un accès de colère : « Pourquoi la révolution n'a-t-elle pas démoli Versailles? Je n'aurais pas aujourd'hui un tort de Louis XIV sur les bras! »

Le 3 janvier 1805, le pape Pie VII vient à Versailles. Revêtu des ornements pontificaux, il bénit, de la grande Galerie, la foule agenouillée sur la terrasse et dans les jardins.

En 1807, la reine de Westphalie, et, en 1808, le roi de Saxe, visitent le château. Puis, la coalition victorieuse s'établit dans les appartements de Louis XIV.

Louis XVIII vint rarement à Versailles; Charles X ne le visita qu'une seule fois, en 1826. La Restauration, trouvant le palais délabré, menaçant ruines, le fit réparer; il en coûta six millions au Trésor, juste la somme indispensable pour le préserver d'une destruction totale.

LOUIS-PHILIPPE

C'est à Louis-Philippe que revient l'honneur d'avoir sauvé le château en le transformant en un musée national, qui est bien son œuvre personnelle.

Après la chute de Charles X, on ne proposa point

de vendre le palais de Versailles, et encore moins de le démolir, mais on voulut y transférer les Invalides. Le roi s'y opposa, et la commission chargée d'étudier le projet de loi de la nouvelle liste civile fut d'avis de comprendre, dans la dotation de la Couronne, Versailles et les Trianons. Nous relevons dans le rapport de M. Schonen, en date du 28 décembre 1831, le passage suivant : « La dotation de la Couronne du nouveau roi comprendra le Louvre, les Tuileries, Versailles, Trianon, Marly, Meudon, Saint-Cloud, Saint-Germain, Fontainebleau, Compiègne, Rambouillet et Pau. Versailles a surtout été l'objet d'un examen particulier, et nous avons recherché à quel genre de service public on pourrait employer ses vastes bâtiments. La majorité de la commission a reconnu que le transport des Invalides dans ce palais était un projet chimérique, dont l'exécution entraînerait des frais immenses pour, en résultat, ne loger convenablement, ni sainement, ces vétérans de la gloire française. Elle a pensé que Versailles ne pouvait servir qu'à un Conservatoire de musées, recueillis dans ses magnifiques galeries, et elle croit devoir signaler cet usage. »

La Chambre approuva ces conclusions.

Le 5 septembre 1833, le *Moniteur universel* publiait un rapport adressé au roi, par M. de Montalivet, intendant général de la liste civile, sur l'établissement du musée projeté. Nous lisons dans le préambule : « Votre

Majesté a senti que le meilleur moyen de conserver les établissements qui subsistent encore était de leur assigner une destination qui prouvait, par ses avantages, que leur destruction aurait été une calamité nationale; Versailles, qui réunit à des localités si somptueuses des richesses d'art qu'on ne saurait déplacer sans les détruire, et des souvenirs historiques si précieux à conserver, présentait de grandes difficultés pour déterminer le nouveau parti qu'il convenait d'en tirer; c'était une sorte de problème jusqu'à présent non résolu, malgré les nombreux projets qu'il avait fait naître, et dont il était réservé à Votre Majesté de donner la plus digne et la meilleure solution.

« Lors de votre dernière visite à Versailles, Sire, vous avez daigné développer, devant les personnes qui vous accompagnaient, le plan que vous avez formé; vous nous avez dit que, sans priver le Louvre de la collection des chefs-d'œuvre de peinture et de sculpture, et des objets d'art anciens et modernes que la Couronne y possède aujourd'hui, vous vouliez que Versailles présentât à la France la réunion des souvenirs de son histoire, et que les monuments de toutes nos gloires nationales y fussent déposés, et environnés ainsi de la magnificence de Louis XIV. »

On se mit immédiatement à l'œuvre.

On a reproché au Roi-Soleil son amour pour les constructions; le Roi-Citoyen en tenait également. Aussi se passionna-t-il pour son musée; il examinait les plans et les discutait, fournissant aux architectes les indications les plus minutieuses, donnant des conseils aux peintres, n'épargnant ni le temps, ni la peine, ni l'argent. Pendant plusieurs années, le roi a consacré au Musée de Versailles tous les loisirs que lui laissait la politique et presque toutes les ressources de sa liste civile. Lui-même, il a tracé le plan de toutes les salles, de toutes les galeries; il a désigné lui-même la place qui devait être attribuée à chaque époque, à chaque personnage. Dans ce vaste classement de tous les souvenirs glorieux pour le pays, le royal ordonnateur ne reculait devant aucun acte de l'impartialité même la plus hardie. Du haut d'un esprit libre de toutes passions et de tous préjugés, Louis-Philippe décida, dès le début, que tout ce qui était national devait être mis en lumière, que tout ce qui était honorable devait être honoré [1].

« Tous les détails relatifs à l'exécution de cette œuvre immense, tous les faits qui constatent l'intervention active et incessante du roi, sont consignés dans une collection de trois cent quatre-vingt-dix-huit procès-verbaux des visites royales; M. Nepveu, l'habile architecte du palais, les adressait régulièrement

1. L'inspiration qui avait présidé au choix des sujets était largement patriotique; plusieurs salles avaient été désignées pour contenir les portraits de Louis XVIII et de Charles X, et les souvenirs glorieux de la Restauration; c'était quelques mois après l'insurrection de la Vendée, et des objections furent faites : « Non, répondit Louis-Philippe, je ne reculerai pas devant la pression populaire, et je la ferai taire en la bravant. » Thureau-Dangin.)

au directeur des bâtiments de la couronne. Dans les premiers mois de 1833, le roi avait fait à Versailles trois courses préliminaires ; mais la première visite vraiment sérieuse, celle qui eut pour but de donner aux travaux une direction précise, remonte au 2 décembre de la même année ; la dernière, c'était la trois cent quatre-vingt-dix-huitième, eut lieu le 10 décembre 1847[1]. »

Le total des sommes dépensées à Versailles et au Trianon atteint 23,494,000 francs. Ces sommes, — entièrement prélevées sur la liste civile, sans qu'il en coutât un sou à l'État, — se répartissent ainsi :

Entretien, réparations, travaux neufs. 15,059,000 fr.
Œuvres d'art achetées et restaurées. 6,625,000
Acquisition et restauration de mobilier. 1,810,000

Louis-Philippe, on vient de le voir, ne s'en rapportait qu'à lui-même ; l'architecte du palais, M. Nepveu, eut fort à faire pour défendre ses projets contre ce conseiller de tous les instants. Mais si Louis-Philippe défendait ses opinions avec acharnement, l'architecte, de son côté, tenait bon, et ne se laissait point aisément entamer. M. Saint-Marc Girardin raconte, à ce sujet, une amusante anecdote. Impatienté de voir M. Nepveu soutenir un avis opposé au sien et se refuser à toute concession, Louis-Philippe finit par

---

[1]. M. de Montalivet. *Le roi Louis-Philippe et sa liste civile.*

lui dire, avec une pointe de mauvaise humeur :
« M. Nepveu, vous paraissez ignorer que j'ai beaucoup
fait bâtir. — Et moi Sire, répliqua l'autre sans se déconcerter, j'ai beaucoup bâti moi-même. » Le roi se
rendit à cet argument. Il fit plus ; ne voulant pas se
séparer d'un homme qu'il estimait sur ce colloque un
peu vif, il feignit de remarquer je ne sais quelle peinture allégorique, et en demanda l'explication à M. Nepveu. « Sire, c'est une allégorie ; c'est ce qu'on appelle
la persévérance dans un roi, et l'obstination dans un
pauvre architecte. »

Le Musée renferme environ six mille « œuvres
d'art », qui n'ont pas toutes une égale valeur artistique. L'exécution a été trop précipitée pour que des
tableaux et des statues médiocres ne se soient pas
glissés parmi les toiles des maîtres et les marbres de
nos plus illustres sculpteurs. Louis-Philippe le savait :
« Après moi, disait-il, on refera les parties que je n'ai
pu faire exécuter qu'imparfaitement. » Les cadres
n'en étaient pas moins remplis, et l'effet d'ensemble
obtenu. Le roi, du reste, ne pouvait tout voir par lui-même, bien qu'il ne laissât point d'en user avec ses
peintres comme avec ses architectes. Lorsqu'un sujet
l'intéressait ou lorsqu'il éprouvait une certaine estime
pour l'artiste, il ne lui ménageait ni les conseils ni
les observations. Ce fut ainsi, par exemple, qu'il
obligea Couder à recommencer son tableau : *la Fédération au Champ de Mars*.

« Quand son tableau était presque achevé, raconte M. de Montalivet, Louis-Philippe le vit : « C'est une « belle peinture, dit-il, mais ce n'est pas la fédéra- « ration de 1790. Vous vous êtes trompé d'époque, « Monsieur Couder; en 90, la minorité n'était pas « encore devenue maîtresse de la Révolution; le dé- « sordre était sur le second plan; pourquoi l'avoir « mis au premier? Tous ces gens-là semblent vouloir « escalader le trône... Où sont les cent trente mille « acteurs de cette grande scène?... J'y étais, Monsieur « Couder... Voilà la vérité de votre sujet; abordez-le « franchement et recommencez votre tableau. » On comprend le désespoir de l'artiste; on devine sa lutte avec le roi, au nom des difficultés d'exécution que devait offrir le froid aspect de la foule se pressant sur l'estrade, et la monotonie de ces lignes immenses se déployant parallèlement dans toute l'étendue du Champ de Mars. L'ancien duc de Chartres, fidèle au témoignage historique de ses souvenirs personnels, fut inébranlable et persista. Cependant, le directeur des musées intervint pour faire observer que le prix du tableau avait été fixé à 25,000 fr., et qu'il était presque terminé. « Eh bien! dit le roi, Montalivet donnera 25,000 francs de plus; c'est une rature un peu chère, mais je la dois à l'histoire. »

Louis-Philippe ne pouvait évidemment multiplier à l'infini ces coûteuses ratures; il ne lui était pas moins impossible d'examiner un à un tous les tableaux; on ne saurait donc le rendre responsable de cette avalanche de toiles médiocres. Hâtons-nous d'ajouter que le musée de Versailles renferme de nombreux tableaux absolument remarquables, des collections dont l'historien peut faire son profit, et une réunion superbe de statues et bas-reliefs. Parmi les peintres, on peut citer, en suivant l'ordre alphabétique : d'Albe, Bacler, Hippolyte Bellangé, Charlet, Cogniet, Couder, David, Delacroix, Delaroche, Gérard, Girodet, Gros, les deux Hallé, Hue, Isabey père et fils, Eugène Lami, Lebrun, J.-B. Martin, Parrocel, Pils, Regnault, Hubert Robert, Rouget, Van der Meulen, J.-B. Vanloo, les Vernet, Yvon ; et, pour les sculpteurs : Anguier, Bosio, Bouchardon, Caffieri, Cartellier, Clodion, les Coustou, Coysevox, David d'Angers, Duret, Foyatier, Girardon, Houdon, Le Hongre, Pajou, Germain Pilon, Pradier, Puget, Rude, Jean Varin, Tuby.

La collection de portraits va de la fin du quinzième siècle à l'époque actuelle ; elle comprend 2.500 portraits, environ, de souverains, princes, princesses, amiraux, maréchaux, connétables, généraux, hommes et femmes célèbres.

Citons, enfin : la collection des gouaches de Van Blarenberghe qui représentent les principaux sièges et batailles du règne de Louis XV ; les vues des châteaux royaux, les vues de Paris, les moulages des tombeaux de Saint-Denis, etc., etc.

N'oublions pas que nous sommes en face d'une

CHARLET. — PASSAGE DU RUIN A KEHL.

œuvre inachevée ; M. de Montalivet nous apprend, en effet, que « de nouveaux plans avaient été dressés par l'ordre du roi pour compléter l'œuvre dans un sens conforme au caractère particulier de son règne. La gloire militaire, les victoires des armées françaises sur terre et sur mer, occupaient la totalité des salles et des galeries du palais successivement ouvertes au public ; le roi voulut que des galeries nouvelles fussent consacrées à la gloire politique et aux vertus civiles. Déjà l'emplacement de ce musée nouveau était désigné dans la partie du palais qui s'étend parallèlement à la grande aile du Midi, sur l'un des côtés de la rue de la Bibliothèque, lorsque la révolution de Février vint opposer un fatal obstacle à la réalisation de cette patriotique pensée ».

La place nous manque pour une description, même très sommaire, des salles du musée ; il nous suffira d'indiquer : les galeries de l'Histoire de France ; la salle du Sacre, qui emprunte son nom au tableau de David ; la galerie des Batailles, où Horace Vernet trône en maître avec ses batailles de Fontenoy, de Bouvines, d'Iéna, de Friedland, de Wagram, qui complètent son œuvre, si considérable, à Versailles ; la bataille de Taillebourg par Delacroix, la bataille d'Austerlitz, un des chefs-d'œuvre de Gérard, le bombardement de Madrid par Carle Vernet.

En 1837, tout n'était pas encore terminé, mais l'œuvre se trouvait assez avancée pour que Louis-

HORACE VERNET. — BATAILLE DE FONTENOY

Philippe pût convier le public à venir l'admirer. Le mariage du duc d'Orléans avec la duchesse Hélène de Mecklembourg-Schwerin lui parut une occasion favorable.

« Le 10 juin, écrit M. Louis Blanc, on vit se presser autour de ce palais de Versailles, réduit si longtemps à la majesté de sa solitude et de son silence, des maréchaux, des membres de l'Institut, des ministres, des pairs de France, des députés, des artistes, des généraux, des poètes, foule étincelante et choisie. A dix heures du matin, les portes du palais s'ouvrirent, découvrant aux regards une immense série de tableaux, de portraits, de statues, l'histoire de France enfin écrite par les arts. Comment rendre l'effet d'un pareil spectacle ? Ici, la succession des grands amiraux et des connétables, depuis le maréchal Pierre jusqu'à Grouchy ; là, le siècle de Louis XIV, dans des salons que traversèrent tant de hardis capitaines, tant d'hommes de génie, tant de femmes au sourire invincible, salons dorés où le grand siècle semblait avoir laissé le reflet de ses guerres et le parfum de ses amours ; ailleurs, notre passé militaire depuis l'origine ; les batailles gagnées, les villes prises d'assaut, les rivières passées à la nage sous le feu de l'ennemi, les joutes chevaleresques, les victoires navales, tout ce qui fut accompli par l'épée entre Tolbiac et Wagram ; à côté, la levée en masse du peuple français, saisi d'une sublime ivresse, et, dans

CARLE VERNET. — BOMBARDEMENT DE MADRID

l'indépendance de la patrie, courant défendre la liberté du monde; puis une incomparable épopée, l'Empire; puis la Restauration et ses pompes vaines; puis la révolution de 1830 et ses prodiges. Aussi, combien de vieillards purent suivre de salle en salle leur propre histoire! Combien, après s'être reconnus sous l'habit du soldat, dans les armées républicaines, purent se retrouver, en uniforme de général, haletant sur la trace enflammée de leur empereur, ou assistant aux fêtes de son couronnement, ou portant le deuil de ses adieux! Ce fut donc une journée pleine d'émotion, que celle où le musée de Versailles fut inauguré.... C'était une noble, une belle idée, de léguer aux siècles à venir, racontées par la toile, taillées dans le marbre et rassemblées dans des galeries splendides, les diverses époques de notre histoire ; le roi avait mis à la réaliser une ardeur digne des plus grands éloges. »

Nous complèterons le récit de cette inauguration avec le *Moniteur:* « Le Roi et la Reine sont partis à trois heures de Trianon pour se rendre au palais de Versailles. Leurs Majestés ont été accueillies par des témoignages du plus vif dévouement; elles se sont rendues aux galeries du premier étage par l'escalier de marbre, ont parcouru diverses galeries et se sont arrêtées dans la chambre du lit de Louis XIV, pour examiner toutes les parties de l'ancien ameublement restaurées avec une grande magnificence.

« Le banquet royal, auquel quinze cents personnes étaient conviées, a eu lieu dans la grande Galerie de Louis XIV et dans les salons de la Guerre, d'Apollon, de Mercure, de Mars, etc. La table du roi était de six cents couverts et offrait l'aspect le plus splendide. Les princes présidaient aux autres tables, aussi magnifiquement servies que celle du roi.

« Après le dîner, on s'est répandu de nouveau dans les galeries pour les visiter en détail, en attendant l'heure du spectacle.

« Leurs Majestés sont entrées dans la salle de spectacle, à huit heures, et se sont placées à l'amphithéâtre au-dessus du parterre. La salle, éblouissante de lumières et décorée avec une magnificence que rien ne saurait égaler, était presque entièrement pleine avant l'arrivée du roi. A huit heures, le spectacle a commencé par *le Misanthrope*, joué, avec les costumes du temps, par Mlle Mars et les principaux acteurs de la Comédie-Française. Les acteurs de l'Académie royale de musique ont ensuite exécuté des fragments de *Robert le Diable*. Le spectacle a été terminé par un intermède de M. Scribe[1], destiné à célébrer l'inauguration du musée et à mettre en parallèle une fête donnée à Versailles par Louis XIV avec la fête toute nationale donnée en ce jour même par le roi des Français. Le spectacle s'est terminé à minuit.

---

1. *Les Fêtes de Versailles*, paroles de Scribe, musique d'Auber, ballet de Coralli.

« Alors a commencé la promenade aux flambeaux dans les vastes salles du palais et dans la grande galerie des Batailles. Le roi était précédé de valets de pied portant des torches, suivi de sa famille et de toutes les personnes qui avaient pris part au banquet ou à la représentation. Leurs Majestés sont reparties pour Trianon à deux heures du matin [1]. »

Le 4 mai 1840, le jour de sa fête, Louis-Philippe offrit, dans la galerie de Louis XIII, un banquet à la famille royale; le soir, il y eut promenade aux flambeaux à travers les galeries du musée.

Le 9 juin 1844, le roi convia à une représentation, donnée dans la salle de l'Opéra, les principaux exposants des Champs-Élysées.

Le Prince-Président visita le musée le 1er septembre 1849. Trois jours après son mariage, le 1er février 1853, Napoléon III fit les honneurs du palais à l'impératrice, qui rechercha les portraits de Marie-Antoinette.

Le 21 août 1855, la reine Victoria, le prince Albert, le prince de Galles, la princesse royale et l'empereur visitèrent le château et virent jouer les grandes eaux. Le 25, Napoléon III invita la reine d'Angleterre à une grande fête de nuit, dont nous empruntons le récit au *Moniteur* :

« La grande cour du château resplendissait comme

---

[1]. La duchesse de Dino écrivait à M. de Barante, en revenant de Versailles : « Je viens d'assister à la plus belle journée de la vie du roi. »

GALERIE DES BATAILLES

en plein jour. Leurs Majestés sont entrées par l'escalier de Marbre, tandis que les invités montaient par l'escalier des Princes. La galerie des Glaces offrait le plus éblouissant coup d'œil. Aux quatre angles s'élevaient quatre orchestres. Des guirlandes pendaient de la voûte et se reliaient entre elles, formant la plus légère et la plus charmante décoration ; des milliers de lustres, des girandoles, des torches, reflétés à l'infini par des glaces, versaient des torrents de lumière sur les brillants costumes des invités.

« Le grand parterre d'eau était encadré sur toutes les faces d'une éclatante série de portiques se découpant sur le fond du parc en feux de couleurs et reliés par des treillages émeraude. Au centre, s'élevait, un portique de deux tiers plus grand que les autres, surmonté du double écusson de France et d'Angleterre. Sous ces arches brillantes, l'eau s'élançait en gerbes et retombait en cascades. Les deux bassins ne formaient qu'une vaste nappe embrasée, sur laquelle nageaient des dauphins d'or montés par des Amours portant des torchères à globes et des lampes vénitiennes. »

Le 18 janvier 1871, dans la galerie des Glaces, en face d'un autel recouvert d'un drap rouge, sur une estrade adossée au salon de la Guerre, le roi de Prusse est assis, ayant à sa droite le prince de Bismarck, entouré des princes de la maison royale, des grands-ducs, des princes, de ses chefs militaires. Le grand-duc de Bade s'avance, salue le roi et l'acclame comme empereur d'Allemagne.

Le 22 octobre 1878, le maréchal de Mac Mahon offrit aux princes étrangers et aux exposants une fête superbe; les grandes eaux jouèrent, le parc fut éclairé par la lumière électrique, et, après le feu d'artifice, on dansa dans la galerie des Glaces, où douze mille invités, défilant en colonne serrée, dérangèrent quelque peu les quadrilles [1].

Comme le château de Versailles, les deux Trianons, « repaires des débauches d'Antoinette et de son exécrable cour », coururent quelques dangers sous la Révolution. Ils ne furent ni détruits, ni vendus; mais ils furent dégradés et pillés, bien que la Convention eût décidé de « les conserver et entretenir aux frais de la République pour servir aux jouissances du peuple et former des établissements utiles à l'agriculture et aux arts ».

En 1796, le docteur Meyer visita les Trianons. « L'affiche, annonçant la vente, restait collée sur la porte; à l'intérieur, les salles et chambres étaient dévastées, les glaces cassées, les consoles brisées, les dessus de portes peints, arrachés. On avait laissé subsister les boiseries travaillées avec le plus grand

---

1. Cette brillante médaille eut son revers; la cohue fut telle que l'on égara 1,532 pardessus, 544 pelisses, 315 chapeaux, 17 chignons, 9 perruques, 1 paire de bottes, un nombre incalculable de cannes et parapluies.

art et les fenêtres en glaces, dont la transparence était si trompeuse qu'on ne pouvait pas remarquer de différence entre les fenêtres ouvertes ou fermées. Des débris de différentes espèces de jeux, des chars brisés, des fragments de figures fantastiques d'animaux ayant servi à des traîneaux étaient entassés dans la salle à manger. Au théâtre, les étoffes des sièges et des appuis des galeries avaient été enlevées. On lisait sur une pancarte accrochée aux torchères des groupes des avant-scènes : « En réquisition pour le Musée. » Dans le jardin, la nature s'était abrutie. Dans le hameau, la plupart des fenêtres étaient brisées, les escaliers, à moitié rompus, étaient envahis par le lierre et la vigne sauvage. Quelques chaumières menaçaient ruine. Ailleurs, on voyait le tableau en cire des ambassadeurs de Tipôo-Saheb[1], que l'inspecteur avait acheté 1.800 livres pour le montrer aux étrangers et en tirer bénéfice. »

Le Petit-Trianon devint une guinguette, et le jardin, un bal public, où « des patriotes très zélés s'opposaient à ce qu'on exécutât la *danse anglaise* ».

En 1805, Napoléon ferma ce cabaret et ce bal. Le 22 mars, accompagné de l'impératrice Joséphine, il visita les Trianons et donna l'ordre de les remettre en état. L'empereur revint en juillet 1805, et la prin-

---

1. Marie-Antoinette fit faire les portraits en cire, de grandeur naturelle, des trois ambassadeurs de Tipôo-Saheb, et les plaça, groupés avec l'interprète et un esclave, fumant leur pipe, dans une des chaumières du hameau du Petit-Trianon. La ressemblance était parfaite. (*Souvenirs d'un page.*)

cesse Borghèse s'établit, en 1806, au Petit-Trianon.

Après le traité de Tilsitt, en 1807, Napoléon envoya au Trianon la coupe, les candélabres, les dessus d'armoires et de consoles en malachite, que le czar lui avait donnés; Charles X y joignit deux vases et une coupe achetés au duc de Raguse.

Le 16 décembre 1809, le jour même de son divorce avec Joséphine, l'empereur vint passer une semaine à Trianon, où il reçut les visites des rois de Westphalie, de Hollande, du roi et de la reine de Naples, de la princesse Borghèse.

Du 1er au 10 août 1810, nouveau séjour de l'empereur à Trianon; il s'y rendit encore, avec l'impératrice, le 11 juillet 1811. Le 16, promenade en gondole sur le Grand Canal,

IMPÉRATRICE JOSÉPHINE

suivie d'une promenade en calèche dans le parc de Versailles. « Le 17, dit M. Soulié, le roi de Rome fut promené en calèche dans les jardins de Versailles, et, le soir, l'empereur et l'impératrice se promenèrent encore en gondole. Le 25 août, jour de la fête de l'impératrice, il y eut cercle à la Cour dans les grands appartements de Trianon; toutes les lignes d'architecture du Grand-Trianon étaient illuminées en verres de couleur. A huit heures du soir, l'empereur et l'impératrice parcoururent la Galerie et se rendirent à neuf heures dans la salle de spectacle du Petit-Trianon. Après le spectacle, l'empereur, le chapeau à la main, donnant le bras à l'impératrice et suivi de toute la cour, parcourut les jardins du Petit-Trianon, qui étaient entièrement illuminés; ils se rendirent d'abord au Temple de l'Amour, puis au Hameau, où l'on avait préparé plusieurs scènes champêtres et mis en action un tableau flamand, et enfin au Pavillon octogone, où des musiciens exécutèrent un chœur dont la musique était de Paër et les paroles d'Alissan de Chazet; la fête se termina par un souper magnifique, servi dans la grande galerie. »

L'empereur ne revint au Trianon qu'en 1813; il y séjourna du 7 au 22 mars, avec Marie-Louise, le roi de Rome et la reine Hortense.

Louis XVIII dîna au Petit-Trianon le 25 juin 1816. Charles X, sur la route de l'exil, s'y arrêta un instant le 31 juillet 1830.

Versailles transformé en musée, Louis-Philippe se préoccupa de rendre habitable le Grand-Trianon, qui était d'une incommodité rare. M. Dussieux a donné, sur ces travaux dirigés par M. Nepveu, d'intéressants renseignements : « L'appartement du roi et de la reine, à gauche du péristyle, fut agrandi en le prolongeant sur la partie en retour, consacrée autrefois au service des cuisines. Une chapelle fut construite sur l'emplacement de l'ancienne salle de billard. La galerie fut transformée en salle à manger. De grands travaux permirent d'établir les cuisines et les offices dans le sous-sol, et un large corridor souterrain, mais bien

NAPOLÉON Ier

éclairé, assura le service et le chauffage de tout le château, de façon à le rendre commode et agréable à habiter.

« Madame Adélaïde fut logée à l'extrémité de l'aile gauche. Les appartements de réception furent établis à droite du vestibule et sur le jardin, et les appartements des princesses dans le double de cette partie du palais. Le Trianon-sous-Bois fut affecté aux appartements des princes, et le Petit-Trianon au duc et à la duchesse d'Orléans.

« De nombreux changements de détail furent faits un peu partout, mais avec assez de soins pour que le palais ait conservé son caractère et son ancienne décoration.

« Ce fut également sous Louis-Philippe que M. Massey, directeur du Potager, dessina et planta le beau jardin anglais qui est à gauche de l'entrée du Grand-Trianon.

« Louis-Philippe restaura aussi le Petit-Trianon et apporta de nombreuses améliorations à l'appartement principal et aux logements accessoires. Les rochers, le Hameau, la salle de spectacle, les eaux et le lac furent remis en état.

« Souvent la famille royale vint résider à Trianon. Ce fut dans ce palais que Louis-Philippe vint faire une dernière halte, le 24 février 1848. Il y trouva son architecte, M. Nepveu, que le hasard de ses fonctions avait fait assister aux adieux de Fontainebleau et au départ de Charles X. »

Le 13 avril 1848, une représentation fut donnée au profit des ouvriers de Versailles sur le théâtre du Petit-Trianon.

Sous l'Empire, les Trianons furent visités par la reine d'Angleterre, en 1855; le roi de Wurtemberg, en 1856; le grand-duc Constantin, en 1857. Une grande fête de nuit fut donnée, en 1862, au roi et à la reine des Pays-Bas, dans les jardins du Grand-Trianon.

En 1867, l'impératrice organisa, au Petit-Trianon, une exposion des meubles, portraits, bustes et objets divers ayant appartenu à Marie-Antoinette.

LE GRAND-TRIANON VU DU JARDIN

Le 6 octobre 1873, le maréchal Bazaine, détenu à l'entresol du Trianon-sous-Bois, comparut devant un conseil de guerre, présidé par le duc d'Aumale, et siégeant dans le péristyle. Les débats se terminèrent, le 10 décembre, par une condamnation à mort.

Comme le château de Versailles, les deux Trianons sont aujourd'hui des musées.

On a prétendu que la République, pour ne rien devoir à la Monarchie, avait formé le noir dessein de laisser ces palais, devenus des musées nationaux, tomber en ruines, pierre par pierre et lambeau par lambeau, et le parc se transformer en une sorte de forêt vierge, où les ronces finiront par recouvrir les statues déjà rongées par la lèpre. Il est difficile de le croire, et nous refusons, pour notre part, d'admettre un seul instant que le gouvernement laissera, de parti pris, s'accomplir cette destruction devant laquelle ont reculé les jacobins de 1793. Mais il n'en est pas moins constant que les murs du palais se lézardent, les corniches tombent, les statues s'effritent, le parc, en quelques endroits, se transforme en taillis; si l'on n'avise, l'indifférence d'aujourd'hui fera certainement ce que la pioche des démolisseurs d'autrefois n'a pu entreprendre.

TABLE DES MATIÈRES

PREMIÈRE PARTIE
LE CHATEAU ET LE PARC

	Pages
Le chateau	3
Les grands appartements du roi.	11
Le salon d'Hercule.	11
Le salon de l'Abondance	13
Les salons de Diane et de Mars.	14
Le salon de Mercure.	15
Le salon d'Apollon et le salon de la Guerre.	16
La galerie des Glaces.	18
Le salon de la Paix.	22
Les petits appartements du roi	22
La chambre à coucher de Louis XIV.	27
Les grands appartements de la reine.	34
La chambre et le salon de la reine.	35
Les petits appartements de la reine	37
Les appartements du grand dauphin, de Mme de Maintenon, de Mme de Pompadour et de Mme Dubarry.	38
L'opéra.	40
La chapelle.	47
Le parc.	49

DEUXIÈME PARTIE

L'HISTOIRE A VERSAILLES

Versailles sous Louis XIII.	73
Versailles sous Louis XIV.	77
Versailles sous Louis XV.	123
Versailles sous Louis XVI.	160

TROISIÈME PARTIE

LES TRIANONS

Le Grand-Trianon.	215
Le Petit-Trianon.	227

QUATRIÈME PARTIE

VERSAILLES ET TRIANON DEPUIS 1789

Versailles et Trianon depuis 1789.	251

FIN

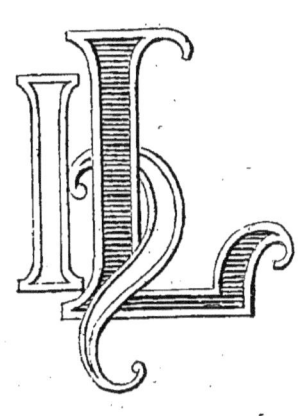

www.ingramcontent.com/pod-product-compliance
Lightning Source LLC
Chambersburg PA
CBHW050628170426
43200CB00008B/929